中层领导
必备实务全书
—— 第 3 版 ——

李会影 ◎ 编著

中国纺织出版社有限公司 | 国家一级出版社
全国百佳图书出版单位

内 容 提 要

中层领导是企业的中坚力量，他们处于"上传"和"下达"的枢纽位置，是企业高效执行的抓手，是连接"头脑"和"四肢"的"脊梁"。很多组织能保持持续发展，业绩不断创新高，关键在于有一批卓越的中层管理者。

本书从中层领导的特殊性出发，讲述了中层领导应具备的素质，如沟通、激励、授权、用人、协同以及晋升等内容。全书以较新的理论和生动的案例为基础展开全面论述，让每一位身在组织的中层领导更清楚地了解自身的地位与使命，提高自身的管理能力与业务素质，真正成为能够独当一面、受人尊重的中层领导。

图书在版编目（CIP）数据

中层领导必备实务全书／李会影编著. -- 3 版. --
北京：中国纺织出版社有限公司，2019.11
　　ISBN 978-7-5180-6571-4

Ⅰ.①中… Ⅱ.①李… Ⅲ.①领导学 Ⅳ.① C933

中国版本图书馆 CIP 数据核字（2019）第 180583 号

责任编辑：向连英　　责任校对：王蕙莹　　责任印制：储志伟

中国纺织出版社有限公司发行
地址：北京市朝阳区百子湾东里 A407 号楼　邮政编码：100124
销售电话：010 — 67004422　传真：010 — 87155801
http://www.c-textilep.com
中国纺织出版社天猫旗舰店
官方微博 http://weibo.com/2119887771
三河市宏盛印务有限公司印刷　各地新华书店经销
2011 年 1 月第 1 版　2015 年 1 月第 2 版
2019 年 11 月第 3 版第 6 次印刷
开本：710×1000 1/16　印张：13
字数：210 千字　定价：42.80 元

凡购本书，如有缺页、倒页、脱页，由本社图书营销中心调换

前　言

当代管理学泰斗彼得·德鲁克也曾说过：美国经济的主体是数以万计的中小企业，而不是声名显赫的财富 500 强，那些大企业只能主宰《财富》的头条新闻，却不能控制道·琼斯股票指数。他还认为，企业存在、发展的任务也并不依赖于一两个像杰克·韦尔奇似的重要人物（虽然这类人物的确功不可没），而是由稳健、智慧、勤奋的中层领导们所承载。

美国著名的商业调查机构盖洛普公司的权威调查数据表明：有的企业能保持持续发展，取得更好的业绩，关键不在于高级管理者，而在于拥有一批具有改革才能的中层领导和专业人才，可见中层领导在企业中起着中流砥柱的作用。他们不同于一般员工，他们的素质高低在很大程度上会影响普通员工的职业行为，同时也影响着企业的发展。

要成为一个出色的领导者，必须具备推动事业发展、带领众人前进的各种能力。能力不行，即便手下有千军万马，也会一败涂地；能力超强，一人能抵十万大军。能力是领导者最可靠的本钱，没有它，在这个竞争日趋激烈的时代，肯定是死路一条。老百姓说得好："兵熊熊一个，将熊熊一窝。"主将无能，会害死三军。

如今，社会经济环境以及企业内部的变化日益加快，墨守成规肯定要被淘汰。领导者应具有发展的眼光，能预测变化趋势，及早做好准备，积极主动地采取措施适应变化。领导者还应有学习的意识，只有不断地学习，不断地创新，才能在瞬息万变的社会竞争中抢占制高点，保持竞争优势。

许多目标的达成都需要精心的策划，机遇的把握需要准确的判断，事业的辉煌需要付出艰辛的努力。中层领导如何才能在工作岗位上游刃有余，创造优秀的业绩呢？领导的工作虽然千头万绪，但其核心只有一点，即如何实现各种资源的有效分配、调节和控制。其中既包括人际关系这样的外界资源，也包括领导能力、意志品质等自有资源。作为中层领导的你，如果能掌握和驾驭这些资源，你就能成为优秀的领导者，你的事业将由此获得进步。

本书的宗旨，就是要实实在在地介绍一些灵活机动、不拘一格的领导方法：如何恰如其分地展示自己的领导才能，打造自身的魅力，用好手中的权力；如何赢得下属的合作和信赖；如何充实自己的头脑，丰富自己的领导智慧；如何谋求职位的提升，让人生进入更加辉煌的境界；如何应付各种显露的或潜在的危机，躲过你前进道路上的风浪……本书从中层领导的角色认知、必备素质、处理上下级和同级的关系、有效沟通方法、激励、授权、晋升等方面做了详细、全面的阐述。

本书是原版的第 3 次修订版了，前两版自出版以来，得到了广大读者的欢迎。但随着市场日新月异的变化，上版的有些内容需要调整更新，本版特别补充了一些前沿理论及新颖案例。

相信通过阅读本书，能帮助中层领导有效地改善自身的管理技能，提高所管理团队的运营绩效。

编　者

2019 年 5 月

目　录
CONTENTS

第一章　是腰，更是脊梁——中层领导角色定位

　　如果用人体来比喻管理人员的层级，高层领导相当于头部，基层管理者相当于四肢，而中层领导相当于人体的躯干和腰部。因此，中层领导是企业的脊梁。在组织运作当中，中层领导扮演着重要的执行角色，如果这个层级的管理者的素质和能力不足，就难以带领团队完成部门的工作任务，最终会影响企业经营目标的实现。

第二章　打铁还需自身硬——卓越中层素质修炼

　　中层领导是保证组织经营工作正常开展的桥梁，作为组织结构中的支柱，是组织管理的中坚力量。其在组织里所处的地位，决定了其既是决策者，又是执行者，是组织和谐、稳定与持续发展的直接推动者，因而，其综合素质是否良好、管理思路是否清晰、工作方法是否得当、沟通协调是否有效、处理问题是否果断、总结学习是否及时，直接决定着一个组织的竞争力与发展前景。

第三章　与上司相处的艺术

作为中层，对待上司的确需要忠诚谦恭、适时退让，但处处退缩，不仅得不到上司的好感，相反还会迷失自我、处处被动，最终影响工作的顺利开展，甚至带来一些不必要的麻烦。

第四章　巧用激励，让员工自动自发地工作

作为中层，如何管理好下属，带好你的团队，让员工自动自发地工作，那可是需要艺术的，其中，激励这个措施就是最好的抓手，它可以挖掘人的潜力，提高人力资源质量。美国哈佛大学教授威廉·詹姆士研究发现，在缺乏激励的环境中，人的潜力只能发挥出 20% ～ 30%，如果受到充分的激励，人的潜力可发挥 80% ～ 90%。

第五章　打造超级沟通力

沟通能力是一个中层领导所必备的能力，是驾驭好下属的一个核心技能。卡耐基曾说过："成功 85% 取决于沟通能力，15% 取决于专业知识。"由此可见，在企业日常管理活动中，拥有良好的沟通能力是多么重要。

第六章　善用人者能成事，能成事者善用人

不管是高层领导还是中层领导，其领导艺术不管如何高明，其本质都落实在用人上。用对人，开展工作便得心应手；用错人，管理起来便处处掣肘。把人管顺了，士气高昂；把人管岔儿了，情绪低落。因此，用人之道、管人之法是中层领导必须谙熟于心的基本功。

第七章　学会授权，给自己松绑

很多人做了中层领导后，事必躬亲，整天忙得恨不得一天当作两天用，其实他所忙的绝大多数工作都是可以假手于人，都是可以分类、分

级、分时授权其他员工完成的。很多中层领导也懂得授权的重要，但就是不知道如何授权。多数人的经历就是"一放（权）就乱，一收（权）就死"。究竟该如何授权？这的确是门大学问。

第八章 好口才是练出来的

以中层领导的身份说话不是随心所欲的交谈，而是一种很重要的与下属沟通的活动，不管是和下属单独谈话，还是团队内部的讲话，或是在众人面前的演讲，都要求能充分地表情达意，侃侃而谈。要想成为一个出色的中层领导者，说出的话必须言之有物，具有启发性，能够鼓舞下属。

第九章 高度协同才能打开工作局面

同级领导之间有竞争和摩擦是不可避免的。作为一个高明的中层领导，应当懂得如何把这种摩擦降到最低限度，应当学会如何把这种竞争导向对自己有利的方向。这就需要与同事以诚相待，只有真诚才能换来高联动的团队。

第十章 谈判是艺术更是能力

一场成功的谈判，实际上是出色运用语言艺术的结果。谈判时的语言针对性要强，做到有的放矢。针对不同谈判内容、谈判场合、谈判对手，要针对性地使用语言，还要充分考虑谈判对手的性格、情绪、习惯、文化水平等差异。

第十一章 打造属于你的智囊团

一个人不可能解决组织经营过程中遇到的所有问题，没有一个人能有所有职位所要求的学识、精力与时间。因此，中层领导必须学会利用"外脑"，靠一个智慧团队比单靠一个人的智慧更能立于不败之地。

第十二章 不可不知的晋升规则

套用拿破仑的一句经典名言"不想当将军的士兵不是好士兵"，在职场上也流传着一句话"不想升职的员工不是好员工"。可以说，升职是每个职场人士的梦想。就如美国钢铁大王安德鲁·卡内基所说："我是不会帮助那些缺乏成为企业领袖的雄心壮志的年轻人的。"要敢于树立目标，不管你目前的职位有多高，仍然应该告诉自己："我的职位应在更高处。"

第一章

是腰，更是脊梁
——中层领导角色定位

　　如果用人体来比喻管理人员的层级，高层领导相当于头部，基层管理者相当于四肢，而中层领导相当于人体的躯干和腰部。因此，中层领导是企业的脊梁。在组织运作当中，中层领导扮演着重要的执行角色，如果这个层级的管理者的素质和能力不足，就难以带领团队完成部门的工作任务，最终会影响企业经营目标的实现。

准确找到自己的位置

先来看下面一个寓言故事：

森林王国的狮子大王决定选一个大臣当自己的亲信，狐狸和狼成为最佳的候选者。狼首先毛遂自荐道："大王，您的亲信一定要非常勇敢才能保护您的安全，在这一点上我可比狐狸厉害得多。"狮子却回答道："你觉得我还需要狼的保护吗？我需要的应是谋略，而狐狸更聪明。"结果自然是狐狸当了狮子的亲信大臣。

狼之所以落选，就是因为它没有搞明白自己的角色。在狮子看来，它需要的不是力量型的保镖，因为它自己就已经足够强大，它需要的是一个能在它和百兽之间的一个中层链接，那需要一定的智谋，所以狐狸最适合这个职位。

企业管理也一样，很多中层领导走上工作岗位之初，大多无法快速进入状态，可谓举步维艰！上司、下属这时都在旁边冷眼看着你，他们都想看看你的能力。如何尽快了解和融入新的组织之中，并准确地找到自己的位置，是中层领导新官上任的当务之急。

1. 确定自己做一个什么样的人

作为中层，你想过自己是一个什么样的人吗？有人很形象地说中层是"夹心饼"，的确，说中层是"夹心饼"一点也不为过。这是因为，如果中层工作严厉认真，很容易积怨于下，引起下属的不满；如果对下属很宽容，团队的工作效率和质量往往又会打折扣，搞不好还会丢了饭碗。作为中层，或许你会感叹：中层真是最吃力不讨好的角色！那么，中层应该做一个什么样的人呢？我国台湾地区的"经营之神"王永庆说："中国企业缺乏执行力的一个关键就是中层没有勇气做'坏人'！""夹心饼"的一个特质就是上面压，下面顶，相当难坐稳、坐好。因此，只要坐上中层位置，就要抱定决心做"坏人"，从组织上来说，这是角色的要求；从个人来说，这是顺利开展工作、提升管理能力绕不过的坎。

2. 确定自己当一个什么样的领导

如今，人工智能和大数据等加速了我们了解世界的方式，并在我们的职业生涯中不断发展，随之而来的是企业管理者的管理风格也在逐渐发生变化，虽然数字领域可以提高员工在工作场所的自主性，但管理者也需要重新评估自己的领导风格，以引领自己的团队创造佳绩，并创造可持续发展的企业文化。

据一些专家的研究，以下四种类型的领导风格可以帮助中层领导更好地塑造管理模式和管理行为。

（1）指挥型领导。指挥型的领导永远是强大而务实的，它决定了要关注哪些目标，并指导其他人如何实现这些目标。即使是在自动化程度较高的行业，这个角色仍然至关重要。

指挥原则应该与领导和管理风格相结合，包括支持团队合作和个人。总体而言，这种类型的领导者善于组织和控制资源，在需要强调责任、权威时，这种领导风格会发挥最大优势。

（2）沟通型领导。在日常管理活动中，不论是中层领导对上级，还是中层领导对下级，都需要进行各种各样的沟通，因此，在实施领导行为的过程中，要成为高效的中层领导，就要运用沟通的艺术，做一个善于沟通的领导者。

（3）合作型领导。这类风格的领导者善于与客户和员工一起工作来实现既定目标。这种领导没有层级观念，和员工一起创造价值，善于调动各方高效地工作，更容易与别人分享想法。

（4）共同创造型领导。共同创建型领导允许利益相关者在实现组织的目标同时追求个人目标。因此，由于高水平的参与和创新，快速扩展使其成为一个稳定的组织和工作环境。研究表明，在与利益相关者合作时，它降低了营销、销售和分销的边际成本，在领导力中应该更多地实施共同创造。

如今最主流的业务是基于网络的商业模式，更需要中层领导者有主动放弃控制权和与下属分享创造价值的意愿。

3. 准确地自我定位

德国哲学家尼采曾说道："聪明的人只要能认识自己，便什么也不会失去。"只有认清自我，熟知自己的技能，才能有效地加以利用。一个缺乏自我认识的中层领导，是找不到自己的位置的，这样的中层领导对企业来说就是一个灾难。所以，正确认识自己是中层领导者迈向成功的第一步，是企业高效执行的保证。

自欺欺人是最愚蠢的行为，身为中层领导切忌这一点。中层领导不仅要了解自己的优点，而且也要了解自己的缺点、正视自己的短处并积极改进。领导人能从失败中寻找经验和教训，那么，失误就是走向成功的起点，而并不是真正意义上的失败。

如果一个中层领导者不了解自己，不知道自己的优点和缺点，不知道自己要实现什么目标和为什么要实现这个目标，那他就不可能找准自身定位，也不可能取得真正的成功。中层领导只有发挥自己的长处，克服缺点，才能走好每一步。

此外，作为中层领导还必须具有充分调配现有资源完成工作目标的能力，使用有限的时间，控制好自己的情绪，理智、客观地对待工作环境，使用多种沟通方法来团结整个团队向工作目标迈进。管理工作的复杂性在于人，管理工作管理的并不是"工作"，而是来完成工作的"人"。团队中的各个成员各有专长，在工作中要善于通过他人来完成工作，因为中层管理者毕竟是管理的角色而不是具体的操作者，大力培养团队成员的工作能力，这会激发他们更大的工作热情和创造力，使得每一个成员都能够更好地成长，从而提高整个团队的战斗力。

左手领导力，右手执行力

中层领导从企业组织结构来讲是执行层的管理者，在企业中处在承上启下的位置，是企业愿景、战略决策、组织方案的有力执行者和组织实践者。因此，中层领导必须要懂经营、会管理、善沟通、愿拼搏，才能担当起企业中坚力量的重任。相比较高层领导来说，中层领导更要注重执行能力和对细节的敏锐，相比较基层人员来说中层管理者又要有对工作整体上领导能力。

执行力就是企业中层理解并组织实施上层决策的能力。企业决策的方案，需要经过中层领导的严格执行并组织实施。在执行和实施过程中，需要对方法进行选择，对目标进行分解，对计划进行跟踪，对责任进行落实。最重要的是，企业所面对的内部、外部环境是不断变化的，中层领导直接面对现实环境，需要针对环境变化不断重新考虑既定的执行流程，仍然适合的按照既定方法做下去，不适合的调整方法继续做下去，发现环境发生根本性变化时要及时向上级反映，总之要根据现实采取行动，而不是让工作失去控制。

那么，中层领导如何提升自己的领导力和执行力呢？

1. 立德

俗话说，德才兼备，由此可见，德在前。一个人如果品德不好，越有才，为患越大。古往今来，得到世人所称颂的，无一不是品德高尚之人，如周总理，真正做到了鞠躬尽瘁，死而后已。即使有些人因机缘巧合而暂时取得成功，但不注重立德，没有高尚的人格支撑，其成功就如同昙花一现。

2. 修身

除了要有好的品德外，中层领导还必须注重自身修养的提高，不断地充实自己。要树立正确的价值观，只要保有宁静淡泊的胸襟，就能获得悠然自得的情趣，也能免于成为物欲的奴隶。在生活中，"不以善小而不为，不以恶小而为之"。在工作中，要有平和大度之心，要有谦虚礼让的美德，和衷共济，才能使自己得到更多的帮助，工作也会更加顺利。

3. 做学问

古语云"腹有诗书气自华"，学问是一个人彰显能量的最好方式。学问无涯，唯有孜孜不倦的追求方能为我所用。人非生而知之，只有通过不断的学习，才能超越自我。随着社会的进步，社会化的分工越来越细，作为中层领导，负责一个方面的工作，必须具备这方面的业务能力，同时必须有比较全面的综合能力，只有通过勤奋的学习，提高自己的综合素养，才能适应现代化企业对中层领导的要求，才能胜任自己的工作。

4. 做表率

古语云："上行下效。"榜样的力量是无穷的。作为中层领导，应该清醒地认识到，当了领导不是说有了特权，更多的是一种责任和义务。实际上，领导应该是有更多的约束，更多地付出。很难想象，一个作风拖拉、自由散漫的人能带出一支能战斗的队伍。正人先正己，只有自身品行过硬，才能令人信服。

新任中层领导如何开展工作

中层领导如何走马上任，历来都是管理者必经的一个程序。有的新官上任三把火，急于改革，结果使自己陷入泥淖而不能自拔；而有的则稳扎稳打，在悄无声息的过程中实现了一系列变革，从而使企业焕然一新。同样的职位，操作不同，结果也会迥然不同。下面我们就从如下几个方面谈谈中层领导该如何走马上任。

1. 尽快完成角色的转换

既然已经荣升为中层领导了，就应该从原职位中完全退出。尽快想一想你的主要工作目标是什么？你想取得什么业绩？过程中会遇到哪些困难？切不可认为这是操之过急，事实上你已经晚了一步，如果你有先见之明，在你上任前就应该考虑好这一切，上任后就会更为主动。在着手新的工作时，你务必要先和上级主管与昔日同事尽早建立工作关系，要找个合适的机会，分别与上司、同事和所有的下属见个面，了解他们每一位的职责、想法，最大可能地收集你新的工作领域和员工的信息，因为"知己知彼，百战不殆"才是上策。

2. 变革不可操之过急

"新官上任三把火"，是否意味着要以迅雷不及掩耳之势做出一些动作？非也，一定要看准了，把握好了时机再点火不迟。否则，胡乱点火最终只会殃及自身。切记，在你还不完全了解工作环境之前，切忌改变原先的既有运作流程。即使你本来就是这个部门的员工，对原有流程了然于胸，也要谨慎再三。变革必须考虑其必要性、稳妥性，还要把握适当的时机。

3. 以尊重换得尊重

人本主义心理学家马斯洛认为，尊重是人的基本要求，每一个人都渴望别人的尊重，只有别人尊重你，你才能顺利地开展工作。然而，尊重是相互的。领导与下属在工作上虽然有明确的上下级关系，但并不意味着在相处中你就可以高人一等、压人一头。圣人云："君使臣以礼，臣事君以忠。""君之视臣如手足，则臣视君如腹心；君之视臣如犬马，则臣视君如国人；君之视臣如土芥，则臣视君如寇仇。"因此，要想赢得下属发自内心的尊重，首先就要尊重每一个下属。

4. 做出成绩让下属心服

俗话说，事实胜于雄辩！要想让下属心服，就必须得拿出一些真正的成绩来。职位赋予你的是权力，而不能赋予你能力，当中层就得靠成就才能立身。每一个下属总希望自己能够跟着一个能力强、素质高的上司，跟随一个有能力的领导，对于员工来说是一件非常自豪的事情。反之，员工们如果认为自己跟随的上司是庸才一个，就会自感窝囊。为此，你必须根据角色的变换及时进行自我调整，迅速提高自己的知识水平和工作技能，注重自身的素质修养，尽快做出成绩以赢得下属的真诚信服。

中层领导应有的作用

　　管理从思想上来说是哲学的，从理论上来说是科学的，从操作上来说是艺术的。做一个优秀的管理人员是很难的，对企业的中层管理人员，由于其地位的特殊性，要做得很好似乎是难上加难了。

　　然而为了企业的发展，再艰难的路也是要走的。但是，路在何方？也许这句管理名言会给我们一点启示："高层管理者，做正确的事；中层管理者，正确地做事；执行层人员，把事做正确。"中层管理人员进行有效管理，关键就在于：正确地做事。那么，如何把事情做正确呢？这里我们从以下方面来分析，希望能够对你有帮助。

1. 充分发挥上下级间的链接作用

　　中层领导是上司的直接下属，有什么问题上司自然会征询中层领导的意见，对于下属的不良表象也会敦促要求你解决；中层领导又是下属的直接领导人，下属对公司有什么不满，自然也会直接反映给你。中层领导在两者之间自然起到了一种链接作用：上司的指示经由中层领导传达给下属，下属的意见通过中层领导反馈给上司。正是因为中层领导的这种链接作用，上下层级关系才能够顺畅。

2. 尽力当好团队的"带头人"

　　我国古代思想家荀况说过："人力不如牛，走不如马，而牛马为用，何也？曰：人能群，彼不能群。"可见，"能群"是非常重要的，何以人"能群"而牛马不能？在于人能够围绕某一目标主动进行社会交往，进行充分沟通，而牛、马不能也。衡量一个中层管理者是否称职，关键在于其是不是一个合群的带头人，这一点至关重要，它对于融合团队的建设将起到决定性作用。合群的中层管理者如同一个团队的主心骨，引导着员工团结在他的周围，充分发挥每一个人的能力，使团队成为一个融合的"同心圈"，并不断成长壮大。

3. 有效发挥缓冲矛盾的作用

　　中层领导在缓冲矛盾、避免矛盾双方直接碰撞方面有着重要意义，因为经由中层领导的介入，矛盾双方可以较为冷静地思考问题，做出符合理性的判断。一般来说，中层领导是上司和下属之间的桥梁，有什么问题双方自然会找中层领导倾诉一番，而中层领导就可以在矛盾双方直接"碰撞"之前对其进行说服工作，使他们的不良情绪得到宣泄，从而维护整个组织的和睦与团结。

4. 努力成为上司的左膀右臂

中层管理人员帮助领导解决问题是职责，遇到办不了的事情，先不要推诿，先问自己三个问题：是否已尽全力？是否发挥了所有潜能？是否是自己的最高水平？要成为领导的左膀右臂，一定要站在上司的高度去思考问题，站在下属的角度去解决问题。

中层领导在维护整个组织有效运行方面发挥着巨大的作用。作为中层领导，就要认清自己的这种作用，并把这种作用很好地发挥出来，做一名优秀的领导者。

先管好自己，再管理团队

自我管理是管好自己，提高影响别人的能力。中层管理者是一个团队的领头羊，自己本身的工作能力、行为方式、思维方法，甚至喜好，都会对团队成员产生很大的影响。领头羊的标杆作用表现于它始终站在队伍前面，给群羊以榜样的力量，使整个团队昂首阔步地向前。中层管理者要以自身的工作能力、威信和道德来服众，整个团队才能凝聚力量，形成合力。

要想做一个优秀的中层管理者，需要先管理自己，再管理下属。管理自己，有以下几个方面需要注意。

1. 自我岗位职责的分析

首先应该分析自己的岗位职责、公司对自己的职位期望和定位、职位的发展空间及享有资源，理清楚了才能有的放矢。比如身居营销总监职位，要明白公司对品牌发展（内营销、行业会议、媒体拓展、广告宣传、公司信息系统建设等）、销售管理（市场分析、销售计划及产品组合计划、价格策略及推广计划、代理渠道建设管理、销售总结分析等）、客服管理（客户回访机制、客户联谊活动、客户圆桌会议）等方面的要求、现状和资源配置。

梳理清楚每一项具体任务目标和资源，才能切实地将任务分解、细化，制订出具备可实施操作的工作计划，如果方向、思路不清楚，则易顾此失彼，遗漏重点。

2. 自我能力优劣势分析

认清楚自我，是为了更好地管理自己。经常性分析、总结自己的优势、擅长的领域，才能摸索总结出适合自己的管理方式和行为方式。

每个人的特点不同，做事方式不同，形成的管理方式也不同。比如有的人做事提纲挈领，雷厉风行，这样的中层领导就需要详细的计划来约束和支撑自己，以免跑得太快，如脱缰之马，产生脱节；有的人思维缜密，处事谨慎，这样的中层领导需要多向市场前端和产品一线推进，增加做事张力，提升魄力和实践能力。

同为中层管理者，有的人喜欢听，有的人喜欢说。喜欢听的，管理下属时多采用书面汇报，以免自己没想清楚给下属带来不必要的误判；喜欢说的，管理下属时多采用口头汇报，及时反馈和表述自己的思路与想法。每个人性格和喜好不同，管理方式也不尽相同，应根据自身情况，选择适合自己的管理方式。

要是你说自己不知道自己的优势，可以向周围的人寻求反馈并加以分析，周围一些很了解你的人谈到的共同点，就是你的优劣势。发现自己的长处，加以利用和发挥，总结自己的劣势，及时改善和提升。

3. 自我时间管理分析

对于每个管理者而言，时间都是有限的，除了例行工作之外，每天临时性的工作也会接踵而来（公司会议、客户拜访、媒体约见、临时事务等），要是没有时间管理和规划，很容易疲于应付，顾此失彼，捡了芝麻，丢了西瓜，让自己一头糨糊而且疲惫不堪。

时间管理就是用技巧、技术和工具帮助人们完成工作，实现目标。时间管理并不是要把所有事情做完，而是更有效地运用时间。时间管理的目的除了要决定你该做些什么事情之外，另一个很重要的目的也是决定什么事情不应该做；时间管理不是完全的掌控，而是降低变动性。时间管理最重要的功能是透过事先的规划，作为一种提醒与指引。

第二章

打铁还需自身硬
——卓越中层素质修炼

中层领导是保证组织经营工作正常开展的桥梁，作为组织结构中的支柱，是组织管理的中坚力量。其在组织里所处的地位，决定了其既是决策者，又是执行者，是组织和谐、稳定与持续发展的直接推动者，因而，其综合素质是否良好、管理思路是否清晰、工作方法是否得当、沟通协调是否有效、处理问题是否果断、总结学习是否及时，直接决定着一个组织的竞争力与发展前景。

独具魅力的品格

如果说传统意义的领导主要依靠权力，那么现代观点的领导则更多是靠其内在的品格魅力。一个成功的领导者不是指身居何等高位，而是指能够凭借自身的魅力，把其他成员吸引到自己的周围，取得别人的信任，引导和影响别人来完成组织目标的人。领导者的影响力日渐成为衡量领导是否成功的重要标志。

一个拥有充分影响力的中层领导者，可以在领导岗位上指挥自如、得心应手，带领队伍取得良好的成绩；相反，一个影响力很弱的领导者，是不可能在团队中树立真正的威信和取得满意的领导效能的。

我国香港著名企业家李嘉诚在总结他多年的管理经验时说："如果你想做团队的老板，简单得多，你的权力主要来自地位，这可来自上天的缘分或凭仗你的努力和专业知识；如果你想做团队的领袖，则较为复杂，你的力量源自人格的魅力和号召力。"由此可见，领导者只有把自己具备的素质、品格、作风、工作方式等个性化特征与领导活动有机地结合起来，才能较好地完成领导任务，体现领导能力。没有人格魅力，领导者的领导能力难以得到完美体现，其权力再大，工作也只能是被动的。

一个成功的中层领导，应该具备以下品格魅力。

1. 意志魅力

意志是一个人的心理素质，同时也是一种品格，它蕴藏于心并体现于行动。意志是领导在领导活动中体现的果断、忍耐、坚定与顽强等特征。意志总是伴随着远大的目标出现的。任何一个具有崇高理想的领导者都要为实现其远大的目标而不停地奋斗。所以，领导者要始终把共同的目标、共同的事业放在第一位，激发组织成员的积极性、主动性、能动性，让组织成员感受到目标与事业的推动力。

这是一个流传于法国民间的故事：

3个刚刚打完仗却没有找到大部队的士兵，疲惫地走在一条陌生的乡村小路上，他们又累又饿，已经一天多没有吃东西了。

当3个士兵看到一个村庄时，大家不觉兴奋起来，心想这下总算能找到吃的了。可是，村民们看到大兵的到来心存恐惧，而且仅有的一点食物还不足以填饱自己的肚皮，他们将自己的食物藏了起来。大兵们一无所获。

这时，一个饥肠辘辘的士兵想出了一个绝招。他煮开一锅水，小心地把三块石头放进去。吃惊的村民们走出来望着他们。

"这是石头汤。"士兵们解释说。"就放石头吗？"村民们问。"一点没错——但有人说加一些胡萝卜味道更好……"一个村民跑开了，很快带着他储藏的一篮胡萝卜跑回来。

几分钟之后，村民们又问："就是这些了吗？"

"哦，"士兵们说："几个土豆会让汤更实在。"又一个村民跑开了。

接下来的一小时，士兵们列举了更多让汤更鲜美的材料：牛肉、韭菜、盐、还有香菜。每次都会有村民跑回去搜寻自己的私人储藏品。

最后他们煮出了一大锅热气腾腾的汤。士兵们拿掉石头，和村民们一起享用了一顿美餐。

对于这个故事，从不同的角度可以有不同的解释。就领导角度而言，所谓领导者就是在一无所有的情况下，以其坚强的意志，带领他们的跟随者熬出一锅鲜美的"石头汤"的人。

2. 信念魅力

"我们都是来自五湖四海，为了一个共同的目标，走到一起来了。"这句话非常贴切地揭示了领导者的信念魅力；尽管领导者与下属的职务有高低，分工有不同，但联系他们最重要的纽带是一个共同的信念目标。所以，领导者要始终把共同的信念目标、共同的事业放在第一位，激发组织成员的积极性、主动性、能动性。

对优秀的领导者来说，信念是成功领导必备的心理素质，是领导者成就伟大事业的基础。领导者只有充满必胜的信念，才能迈出坚定的步伐，才能产生克服任何困难的勇气，才能随时迎接来自方方面面的挑战。领导者具有顽强的信念，事业也就成功了一半，他可以用自己的信念去影响员工，使下属认同、信服，进而愿意为共同的目标服务。

3. 人格魅力

从心理学角度来讲，人格魅力是指一个人在性格、气质、能力、道德品质等方面具有吸引人的力量。在现代企业管理中，中层领导者的影响力除了来自看得见的规章制度和手中的权力，更重要的一个来源就是自身的人格魅力。中层领导的人格魅力会吸引下属团结在他的周围，增加员工归属感和认同感。

比如，乔布斯就是少有的个人魅力型领导者，他被称为"高技术产业界的摇滚明星"。乔布斯鲜明的个性特征和东山再起、搏击病魔等充满传奇色彩的人生经历，显得格外精彩。

正直、公正、信念、恒心、毅力、进取精神等方面的个人魅力和优秀品质，无疑会提升中层领导的影响力，从而让其追随者更加笃定。同时，中层领导的人格魅力还会潜移默化地影响下属，提高整个团队的素质。

可以说，中层领导的个人魅力已成为衡量影响力的重要标志。中层领导者的个人魅力，是下属们的一种动力，它能使员工心甘情愿地努力工作。

扎实的业务能力

中层领导业务的能力比管理能力重要，业务能力直接体现一个管理人员的基础素质和业务要求，也是管理者素质高低的直接表现。

一般来说，中层领导应该具备如下业务能力：

1. 统率

在团队中扮演"主心骨"的角色，以干练、果断和坚强的形象赢得团队成员的信任，使之愿意在其组织和指挥下完成工作的能力。具有较强的组织能力，能够面对危机迅速做出决策，同时要具有震慑力。

2. 系统思维

在采取行动时要通盘考虑对全局的影响，考虑好提前或滞后的时间差，在程序上考虑对上、下环节的影响，能从大局出发解决问题。

3. 收集、消化信息

由于某种需要而想对某些事、人或问题有更多的了解时，能按需要将所获信息进行筛选、过滤、消化、使用。

王晗是一家大型企业的人事部主管，掌握着各分公司的人力资源数据。一天，公司换了总经理，新总经理想要了解分公司的情况，并需要和各个分公司的总监进行交流。因此，需要王晗为他提供各位总监的姓名、单位和照片。

此时，王晗的手上已经有了分公司各位总监的花名册，只是缺少照片，她只要把照片收集齐就算完成任务了。可当她收集完照片后，并没有马上结束自己的工作，而是做了这样几件事：把文档打印出来；把各位总监的一些基本信息，如年龄、爱好、所取得的业绩等做成电子版发到总经理的信箱中；考虑到沟通、交流的需要，给总经理发了一份优秀员工和一线管理者的资料……王晗的这些行为体现了其扎实的业务能力，这无疑会给新任总经理留下了良好的印象。

4. 自信与自律

自信是态度积极的表现。作为中层领导要从问题出发，主动去承担并努力完成难度大的任务。这是提升自身能力，增加自信最为有效的方法。中层领导要想带领好团队，除了自信，还要有自律意识，"正人必先正己"，身为中层管理者，要在团队中起到先锋模范作用，处处以高标准严格要求自己，工作中要有任劳任怨的精神。某种意义讲，中层管理人员就是企业制度、文化的代表和体现，员工做事的榜样和标杆，任何事情，都必须以身作则。

5. 执行力

曾任宝洁（中国）有限公司广州人力资源部经理的许锋认为，执行力是最容易出问题的地方，也是中层管理者必须具有的能力。很多时候，高层衡量中层的能力的标准都是自己的决策能否被很好地贯彻到基层。

6. 关注事情细节

俗话说，打铁还须自身硬！中层领导要想顺利、出色地完成各项工作，必须对本部门工作内容及细节了如指掌，要具备本专业的全面技能，并成为本领域的多面手，这样才能更好指导下属完成工作，在工作遇到问题时，才能用专业的眼光来看待和解决问题。

7. 指导与监控

对下属的工作提供指导与支持，促使其能力提升；对布置给下属的工作进行跟踪，要求其及时反馈，并根据情况做出相应对策。

8. 制度优化

能够分析和洞察组织内部管理制度中的缺陷和薄弱环节，并有针对性地通过对制度的建设、补充，不断优化企业管理制度体系，提升和强化管理效率。

富于创新的精神

商业史大名鼎鼎的超级富豪约翰·D.洛克菲勒曾说："如果你要成功，你应该朝新的道路前进，不要踏上已被成功人士踩烂的道路。"作为中层领导，如果希望成功，就要主动创新，而不是跟在别人的后面。而一个优秀的组织，也必然需要一批主动创新的中层管理者。此外，领导者之所以应该有创新精神和创新能力，还在于他们不仅仅是一般创新者，同时还是创新的领导者。只有具有创新意识、创新精神和创新能力的领导者，支持和鼓励创新、带头推动创新，才能担负起时代和事业赋予的领导责任。

美国福特公司的创始人亨利·福特有一句名言："不创新，就灭亡。"他说这句话的原意就是他曾经因为不重视创新而导致企业停滞不前，这句话正是他失败之后得出的教训。

福特汽车公司的创始人老福特，只是一个农民的儿子，为什么他做汽车行业就能一下子成功呢？那是因为他最了解美国的农村，那里人少地多，很需要农用客货两用车，在那个时候路况不太理想，加上农民的文化水平又不高，所以农民需要的是容易操作，能耐得住颠簸的汽车。所以他根据这个需求，生产出了操作简单，而且质量过硬，价格合理的"T"型车，满足了大多数人的需要，于是在很短的时间内，福特汽车就占据了世界汽车市场 68% 的份额。

在整个过程中，老福特坚持创新，当时别的汽车制造工厂每天工作 10 个小时，工人每天报酬是 3 美元；但他的工厂却每天工作 8 小时，报酬是 5 美元。表面上看成本是增加了，但实际上却吸引了很多熟练工人加入，工厂的总体工作效率极大地提高了。

另外，他还创造性地发明了"生产流水线"，实现了生产效率的飞跃，满足了当时供不应求的市场。在当时福特家族可以算是富可敌国了。

到了 20 世纪 20 年代，美国人的生活水平大幅度提高了，老福特是农民的儿子，他认为生活应该是勤俭的，所以他还是把精力都放在生产 T 型车上，继续提高质量，降低成本。但是美国人已经不需要这种车了，因为道路已经修得很平坦了，人们开始对车子的速度和造型有了更多的要求。

随着时代变化，消费者希望出现更多品种、更新款式，还节能的轿车。福特汽车公司的轿车不仅颜色单一，而且耗油量和排废量也大，完全与日益紧张的石油供应市场和日趋严重的环境保护状况相悖。

小福特曾经建议老福特要推出豪华型轿车，但不为老福特所重视。

而通用汽车公司和其他几家公司则根据市场的需求，制定了正确的规划，生产了节能省耗、体积小、轻便的汽车，在 20 世纪 70 年代的石油危机中，抢得了大部分的市场，而福特汽车公司却到了濒临破产的地步。

老福特这才意识到自己的观念落伍了，开始听取小福特的意见推出豪华型轿车，但是最好的时机已经过去了，直到今天，福特汽车也没能回到行业老大的位置上。

创新是一个领导者最重要的品质。如果在经营中不知创新，只会被时代所淘汰。创新给企业带来活力，创新的动力是来自对更高目标的追求。只有不断创新的企业，才能在竞争中发展壮大，立于不败之地。

优雅得体的仪表

我国自古以来就以"礼仪之邦"著称于世，孔子说，"不学礼，无以立"。一个人只有具备良好的礼仪修养，才能在社交中展现良好的自我形象、发挥个人魅力，在职场上尤为如此。一个领导者的形象往往代表了一个组织的形象和文化，成功的领导者必然有与众不同的个人魅力和职业形象。

仪表是一个人礼仪的外在体现，同时又是一个人内在素质、精神面貌和文明程度的外在反映。对于领导者来说，除了要不断提高思想修养、品德修养、学识修养、作风修养外，整洁、得体的衣着，不卑不亢、彬彬有礼、大方有度的举止，同样是领导者必须具备的。作为领导者，层次越高，越要注意衣着外表。国外有一篇文章说："大人物都注重自己的仪态，所以他们从头到脚都经过细心的打点，如果你注意看的话，会发觉他们的鞋子不但擦拭得晶亮无比，而且都出于名师制作。"在我们看来，人从内心到外表都应该是美的，优雅得体的仪表反过来更加规范人的举止行为，就像人们进入高雅的场所会格外注意自己的一举一动一样。

仪表美是一个综合概念，它应当包括三个层次的含义：

其一，仪表美是指人的容貌、形体、体态的协调优美，如体格健美匀称，五官端正秀丽，身体各部位比例协调，线条优美和谐，这些因素，是仪表美的基础条件。

其二，仪表美是指经过修饰打扮以及后天环境的影响形成的美。天生丽质这种幸运并不是每个人都能够拥有的，而仪表美却是每个人都可以去追求和塑造的，即使天生丽质，也需要用一定的形式去表现。无论一个人的先天条件如何，都可以通过化妆、服饰、外形设计等方式使自己具有仪表美。

其三，仪表美是纯朴高尚的内心世界和蓬勃向上的生命活力的外在体现，这是仪表美的本质。真正的仪表美是内在美与外在美的和谐统一，慧于中才能秀于外。一个人如果没有道德、情操、智慧、志向，风度等内在美作为基础，那么，多好的先天条件，多么精心的打扮，也只能是一种肤浅的美，是缺少深刻内涵的美，不可能产生魅力。因此，一个人的仪表是其内在美的一种自然展现。

领导干部的仪表形象，除了展示个人的气质风度外，对所从事的事业也有很大的帮助。可以说，良好的仪表形象是一个人事业成功的一个很重要的因素。

英国历史上第一位女首相撒切尔夫人是一位对自己的衣着非常在意的人物。她对自己的化妆、服饰非常讲究。在她身上，没有一般女人的珠光宝气和雍容华贵，只有淡雅、朴素和整洁的衣着。

从少女时代开始，她就十分注重自己的衣着，但并不标新立异、哗众取宠，而是朴素大方、干净整洁。从大学开始，她受雇于本迪斯公司。她那时的衣着给人一种老成的感觉，因而公司的人称她为"玛格丽特大婶"。

每个星期五下午，她去参加政治活动时，都头戴老式小帽，身穿黑色礼服，脚登老式皮鞋，腋下夹着一只手提包，显得持重老练。虽然有人笑话她打扮土气，但她却有自己独到的见解：这样的打扮能在政治活动中取得别人的信任，建立起威信。她的衣服从不打皱，让人觉得井井有条是她一贯的作风。从服饰方面注意自己的仪表形象，对玛格丽特事业的成功的确起到了一定作用。

以仪表取人固不可取，优雅得体的仪表有利于提高领导者的威望，这是由人们长期以来形成的一种审美心理所决定的。美是主体自身的本质力量的形象显现，引起审美者美感的是体现人的本质力量的感性形象。某一事物一旦成为美的对象，其感性形象便具有了相对独立性，而这感性形象主要是指人的仪表形象。人们往往能在具体类似形象的不同对象中，体验到共同的审美感受。领导者的威望来自于他崇高的理想、高尚的情操、博大的胸怀、坚强的意志和卓越的领导才能，而这些内在素质，一旦通过某些外在形式（如仪表形象）反映出来，便成为某些领导者特有的风度。正如它所反映的内容是领导者走向成功的先决条件一样，它本身也会作为希望的象征而辐射出强大的磁力，紧紧吸引住被领导者。人们将会由崇敬某些领导者的这些内在力量，转而崇敬反映这些内在力量的形式——风度美。

较高的道德水准

我们经常讲，好的作风是以好的道德做支撑的，做事先做人，做人贵重德，德才兼备，以德为先。中层领导是企业的标杆、是旗帜、是表率，全体员工时刻关注着中层领导的作风和形象，因此中层领导要更加注重自己的言行举止，自觉加强自身道德修养。一个人如果处处讲操守、重品行，为人光明磊落，处事公道正派，就必然会赢得全体员工的信赖和支持，也必然会在无形中增强自身的人格魅力。相反，如果一个人没有高尚的人格、良好的道德修养和宽阔的胸怀，就很难做到坚持原则，公平处事；很难做到推功揽过，与人长期合作共事；很难做到正确用人育人、为人师表，也就不可能干大事、成大事。

美国第二大电信运营商Verizon无线前总裁朱迪·哈伯肯在处理客户关系时，

有一套清晰的原则：保持开放和透明。

有一次，哈伯肯的一名下属犯了一个严重错误，他在给用户邮寄信物时没有黏合信封。结果当信件被投进客户邮箱时，任何人都可以看到客户的姓名、电话号码以及 PIN 号码。当哈伯肯知道了这件事情，并把自己的担心报告给上司时，上司却告诉他："不用担心，这事自然会平息的。"

哈伯肯沮丧地回答道："这对我们是一次考验，只要我还在负责这件事，我会给用户发去电报，向他们详细解释整件事情，承担所有的费用，并且会立刻给客户一个新的智能电话卡号码和 PIN 号码。"

当天晚上，哈伯肯就召开媒体见面会，告诉大家到底发生了什么事情，以及打算怎么做。最终，这件事情顺利地平息了。回想这次经历，哈伯肯说："我们为此付出了代价。但毫无疑问，我们做出了正确的选择。如果客户感觉我们根本不关心他们的安全，那给我们带来的灾难将会更大。"

大多数人都相信，只要上司说没事，自己就可以免受其责。但对于哈伯肯来说，为了坚守自己的原则，他甘愿冒犯上司，并不惜一切代价来修正自己的错误。这种做法需要很大的勇气，这也是真诚领导者的一个典型特点。事情没有大到需要经过深思熟虑才能做出抉择，而恰恰是这种一般人不放在眼里的小事，更能体现一个人内心深处崇高的道德约束！

20 世纪 70 年代末，塑胶花产业已经过了黄金时代，利润非常薄，但是在李嘉诚的长江实业大厦却依然有工厂在生产这些过气的产品。这个奇怪现象被名人林燕妮发现，她很纳闷，以长江实业集团当时在房地产业的影响，何必还要守着这种日薄西山的产业？对此，李嘉诚给予的回答是，企业就应该是一个大家庭，新一代房地产业虽然已经站起来了，但是也不应该忘记老员工，他们是这个大家庭的功臣，是这个企业的奠基者。作为企业的领导者，不应该忘记他们，更应该在能力范围内照顾好他们。这一番话使得这位香江才女对他肃然起敬。

李嘉诚就是这样一个有着极高道德水准的商人，他非常认同员工对企业的贡献，同样也非常关心员工。李嘉诚坚持认为员工是为公司赚钱的人，他们才是对企业作出最大贡献的劳动者。因此李嘉诚总是在企业的能力范围内给予员工最大的福利。

道德素质是领导者必不可少的内在素质，在领导活动的每一个环节中都渗透着道德素质的作用。作为领导者，道德修养的层次应当是高的，应当身正风清，以德感人，以德树威，以德勤政，以德带动一片，以德影响一方。从领导活动的手段看，必须符合道德要求，要有对社会和人类高度负责的责任感；如果所选择的手段不当，不符合社会规范，就会遭到舆论的谴责，良心的拷问，最终导致失败。

更懂得灵活变通

在日常管理活动中,员工的行为必须有一定的原则约束,或者说,有基本的底线。这根底线是不能逾越的,一旦逾越,人也好,事也好,就会面目全非。然而,我们也常常会遇到既定原则下的方法根本走不通的情况,如果一条路走到底,将没有任何前途。此情形下,当你不得不决定放弃之前,一定要认真考虑,还有没有可以变通的途径。

有一个老人,他在家中的院子里养了许多猴子。日子一久,这个老人和猴子竟然能沟通了。这个老人每天早晚都分别给每只猴子4颗栗子。几年之后,老人的经济越来越不充裕了,而猴子的数目却越来越多,所以他就想把每天的栗子由8颗改为7颗。于是他就和猴子们商量说:"从今天开始,我每天早上给你们3颗栗子,晚上还是照常给你们4颗栗子,不知道你们同不同意?"猴子们听了,都认为早上怎么少了一颗?于是一个个就开始吱吱大叫,到处跳来跳去,好像非常不愿意似的。老人一看到这个情形,连忙改口说:"那么我早上给你们4颗,晚上再给你们3颗,这样该可以了吧?"猴子们一听,早上的栗子又由3颗变成4颗,跟以前一样,就高兴地在地上翻滚起来。这个故事就是朝三暮四这个成语的由来。这是一个老人的变通。

麦当劳可以算是一个人才的大熔炉。麦当劳的员工都有着各自不同的背景和个性。他们当中,有在纽约当过警察的邓纳姆,有曾经的大学教授特雷斯曼,史密斯做过法官,西罗克曼是银行家,凯茨以前是犹太教士,科恩布利斯以前是干服装销售的,瓦卢左博士以前是个牙医;他们中还有军官、篮球明星、足球运动员等。

麦当劳的这些人才来自于我们可以想象到的任何一个职业。他们当中也有人很多性格古怪,但麦当劳都能够容纳他们,给了他们很大的空间,让他们尽情发挥自己的专长。

麦当劳虽然有统一的作业程序,但并不给员工压力,因此麦当劳的员工都是对工作充满兴趣的,他们都是有信心和能力做好工作的人。他们的工作表现也都得到了大家的尊重。

克罗克有得体的举止,说话有分寸,能容忍不同个性的员工。他虽然讨厌衣衫不整,处事散漫的人,但只要他们能对麦当劳作出贡献,他就能够忍受他们的怪异,甚至还给他们很高的权力。例如,克罗克讨厌长头发,但任命了披着长发的克莱恩为广告经理,因为他是设计出麦当劳叔叔的功臣;克罗克看不惯衣装不整的人，但他却能忽视继任董事长特纳不穿外套，卷着袖子办公。

克罗克有次克制不住自己，下令开除某位牛仔打扮的经理。第二天早晨，克罗克有急事去找一名经理，却发现他正在收拾东西准备离开。他问这位经理："你在干什么？"经理回答说："我在收拾东西，您昨天已经把我开除了。"克罗克却告诉他把东西放好，继续上班，因为他已经把这件事忘了。

正如麦当劳的副总裁科恩说的："克罗克其实是一个善于变通的人，如果你的做事方法正确，就能打动他，他也会听你的。"

词典中对"变通"这个词的解释，有两层意思：其一，是变化才能通达，如《周易·系辞下》："易，穷则变，变则通，通则久。"其二，指不拘常规，因地、因时制宜。如唐朝刘长卿诗云："且欲图变通，安能守拘束！"知道不拘常规，因时、因地的变通，生活的路哪怕逼仄也会变得宽广许多，如果不懂得使用这一点，常常就会让自己处于极为不利的状态之中。

良好的自控能力很重要

自控是抑制自己的感情和情绪，控制自己的行为，使自己以最合理的方式行动。理性的自制能使领导树立良好的典范，并将培养出更多的智慧。米开朗琪罗也曾经提醒过人们："被约束的力才是美的。"无法控制自己的人，将永远无法控制他人。拒绝或忽视理性自制的领导者，实际上是把赢的机会输掉了。领导活动的实践清楚地表明：成功者的自我控制是最主动的，而失败者的自我控制则是最被动的。

良好的自控能力是领导者重要的意志品质，也是衡量领导者管理能力的尺度。领导者的自控包括很多方面。

1. 危机时保持冷静

当危机不期而至时，有些人马上慌了手脚，其结果只能走向更大的失败。相反，如果在危机面前保持沉着与冷静，将会以不变应万变。2018年12月1日，孟晚舟事件引起了全世界的注目，该事件从突发到保释，相对无数网民的义愤填膺以及来自世界各国的舆论，华为官方却表现得出奇的冷静与克制，即使一向以脾气暴躁在企业内部闻名的任正非，面对女儿被无端拘留，他依然保持了缄默，以自己的隐忍和坚毅稳住了整个华为的阵脚。正如任正非在《华为的冬天》所表达的那样：华为就是在危机与忧患中一步步走向强大的。这是华为的成熟，也是华为的眼光。

"沧海横流，方显出英雄本色"，从一定意义上说，危机正是给领导者提供了大显身手的舞台，危机中恰恰常包含着转机。在困境和逆境中，镇定自若、沉着应对、稳健地处理问题，才能稳住阵脚，掌握时机，保持主动，适时化劣势为优势。如果领导者显露惊慌失措或悲观失望情绪，就会像疾病一样迅速传染他人，局面越发不可收拾。第二次世界大战中，斯大林在法西斯侵略者兵临城下时，仍照样举行节日庆典和阅兵典礼，这种临危不乱的气度，不愧为雄才大略的军事统帅。历史上还有许多英雄，他们将镇静和自尊保持到生命的最后一刻，令后人钦佩、景仰。

2. 不为内耗所干扰

内耗是一个组织内最大的损耗。群体内争斗不休，让领导者不得不花费大把的时间和精力来调停这些无聊的事情。有的领导因此被闲言碎语所缚，被他人掇弄和左右，被内耗"耗"得心灰意冷，难以施其才，达其志，失去了工作的进取心和锐气，失去了自我。面对内耗，中层领导一方面要通过正常的组织途径来解决；另一方面要善于自控。包括对待围绕领导者个人的流言蜚语、成见，不负责任的小动作甚至于背后的挑拨离间、恶语中伤、人身攻击等。

俗话说：小不忍则乱大谋。意思是小事上不能忍耐，就会坏了大事。在现代社会，人们从修养的角度理解，即应在小事上谦让忍耐，不要因计较鸡毛蒜皮的小事而影响大局。

3. 尽快摆脱坏情绪

情绪是一个人的晴雨表。在心理学看来，情绪对一个人的影响时间长短不一，短则几小时、几天，长则几周、几个月。好情绪一般对人大有帮助，如乐观和自信使人充满活力，积极进取的心境像磁石一样吸引人，把人引向成功；而悲伤、焦虑、气愤、失望、内疚等坏情绪，其影响就是消极负面的。它消耗人的精力，使人陷入泥潭，裹足不前。领导者要善于控制情绪，调节自己，尽快摆脱坏情绪，不要被坏情绪所支配。当不良情绪来袭时，就要理智地分析不良情绪形成的原因。然后具体问题具体对待，最好从根子上加以解决。

4. 发怒得当，善于制怒

喜怒不形于色，始终使自己处在冷静的状态下思考问题、处理问题，才能避免出现大的差错，使自己以最合理的方式行动。在危机之时保持冷静，在混乱之时保持清醒，尽快摆脱坏情绪，既要学会愤怒，又要善于制怒。领导者懂得自制，善于自制，就会使自己成为无坚不摧的精英。

从日常工作中容易引起某些领导者气恼的事情上看，领导者要注意心平气和地对待工作中与自己不一致的见解、意见。主要有两类：一类是对开展哪些工作，如何开展工作，怎样评价工作所取得的绩效等，有不同的看法；另一类是公开、正式场合直截了当给领导者提的意见，或者是用间接的方式提意见，侧面流露的不满等。后者更易使领导者面子上挂不住。总之，不是顺耳之言，而是逆耳之言。对这些见解、意见动怒不应该，也无济于事。要允许人家讲话，更要让人把话讲完，做到不仅表面不怒，内心也确实不怒，拿得起，放得下，睡得着。这就是修养的问题。

中层领导者应具有的 9 种能力

一位美国学者指出，一名成功领导者至少必须具备 9 种能力。他的观点得到了世界各界的广泛认同。这位学者强调的 9 种能力是：

1. 技术能力

技术能力是指一个人在进行某种特定活动（如企业）的过程中所运用的方法、程序、过程和技术等知识，以及运用有关的工具、设备的能力。中层领导的技术能力可以分成三个层面，即技术技能、人际关系技能和概念技能。这是中层领导者所必须具备的，只是根据各自不同的岗位在程度上有所不同。

2. 灵活地应变力

应变力是一种很难得的技能，它能使你事先预测应该注意的目标，而不是企业正面临的问题。它能使你从容应对工作过程中所出现的种种不曾预见或意想不到的情况，顺利适应各种变化。

3. 开创未来的远见

在如今的互联网时代，为了更好地应对未来，领导者需要及时找出未来的趋势，洞察先机，然后采取行动，抢先一步。如果只解决今天的问题还远远不够，需要跳出眼前的问题，根据自己的核心优势，重新定义自己的价值，并使用有效的方法去规划、影响未来。一旦拥有了远见，则拥有了主导自己未来的能力。

4. 具有敏锐的洞察力

中层领导总会面对一个自相矛盾的困境：他们无法预知未来，但了解它又是成功的必要条件。正如管理大师德鲁克所说："我们这个时代每一项紧迫的全球社会事件都是一个商业机遇。"敏锐的洞察力是包含了多种人生哲学的大智慧！能够透过现象看本质，举一反三，直奔问题核心。比如如何激发新的思维方式和行为方式？缺乏洞察力的人会只见树木或只见森林，而不能两者俱见，因为他无法抓住问题的根本，因此无法制定有效的方案。一个具有洞察力的中层领导者，在工作上往往是成功的。

5. 交际能力

交际能力是指妥善处理组织内外关系的能力，包括与周围环境建立广泛联系和对外界信息的吸收、转化能力，以及正确处理上下左右关系的能力。中层领导者要想在公司立足，就必须与上司、同事、下属及外界人士等形形色色的人打交道，更不能少了这种能力。交际能力要求必须对他人的态度、感觉和需要相当敏锐，否则将无法正确地对他人的所说所做做出正确的反应。良好的交际能力，必须变成一种自然而持续的活动，因为它不仅包含决策时的敏感性，也包含一个人日常生活中的敏感性。

6. 文字写作能力

中层领导不光要谋划、设计工作，还要将领导的意图、决策形成文件或规定，供参照执行，还要拿出大量的时间进行调研与总结。在会说话、能办事的基础上，高标准、高效率的公文写作能力是中层领导不可或缺的业务素质。只有勤于学习、善于思考、敢于创新又爱岗敬业、乐于奉献的人，才能在工作中练就较好的写作能力，成为本单位、本行业的优秀人才。

7. 超强的忍耐力

毕业于哈佛大学的海菲兹博士曾讲述了美国一个普通妇女获得领导力的故事。

在他所在的那个州，一个普通的家庭妇女不满吸烟带来的危害，决定成立组织来推动戒烟行动。她的做法是每个星期日去一个固定的会议室召开戒烟会议，开始时没有任何人响应，她只能一个人与众多的桌椅为伍。但她没有放弃，4个月之后，她迎来了第一个与会者；3年之内，只有4个人参加她的会议；12年后，会议仍然在星期日准时召开，只是每次都是满屋子的人参会，她成了当地戒烟运动的旗手。

海菲兹博士说，她没有等到别人选举她，也没有等到别人赋予她权力，但她行动了，而且怀着超常的耐心行动了，最后她获得了大家公认的领导力。这个例子对中层领导来说非常有现实意义，中层领导获得领导力并不那么简单，它需要在实践中不断磨炼，拥有足够的耐心才能获得。

8. 组织协调能力

中层领导是一个小执行团队的领导者，是部门工作的直接领导者和协调者，组织协调能力体现领导水平。在组织能力上，要提高思考能力、工作计划能力、整合资源能力和工作落实能力。在协调能力方面，要提高上下之间、横向之间、内外部门之间的人际关系协调能力，形成比较顺畅的工作联系和人际关系，营造良好的工作氛围，构建高效便捷的工作网络。

9. 影响他人的能力

人际关系学鼻祖卡耐基先生曾说过：一个人的成功20%来自于专业技能，80%来自于影响他人的能力。有能力的人影响别人，没能力的人受别人影响。美国前GE董事长兼总裁杰克·韦尔奇认为"当你不是个领导者，成功是让自我成长；当你成为一个领导者，成功是帮助他人成长"，他把领导力定义为成长他人。所以，作为中层领导，要想把团队带出水平来，就得练就影响他人、激励他人跟随、帮助他人成长的能力。

提高自身素质的方法

中层领导者要想做好工作，必须自觉地提高自身的素质，提高自身素质可以从以下几方面把握：

1. 不断提高学习能力

互联网时代企业的生存法则，就是不断地学习，学习，再学习，学习力就是竞争力，学习力就是生产力。对于企业的执行者——中层领导，其学习力的提升无疑会影响着企业的发展。新形势下中层领导要提高学习能力必须树立新型的学习理念，实现"三个转变"，即从拥有文凭向拥有能力转变；从阶段学习向终身学习转变；从学了什么到学会什么转变。一个人拥有多文凭、高学历是好事，但每个人的知识每天都在以15%的速度老化或滞后，因此需要不断学习、不断"充电"、不断更新，只有这样才能不断提高自己的学习能力，才能以较高的知识储备量应对飞速发展、变化的社会，才能站得高、望得远。

2. 积极参与继续教育和培训

继续教育和培训越来越引起现代领导者的重视。领导者要通过教育培训来最大限度地挖掘自身的潜力和尽可能地提高自身的综合素质，参与培训的时候既要有目的、有计划，又要有针对性、有深度。坚持多渠道、多形式、个性化，要由单一的课堂听讲向多元化、灵活性的求学方式转变，针对领导者自身日常工作的特点，多参加一些案例讨论分析、对策研究、实地观摩、情景模拟等课程。在选择培训方式上，应坚持以启发式、参与式、研究式教学为主，克服单一、呆板的培训方式。既要强化岗位培训，又要加强专业化的教育训练。在具体做法上，可根据自身的实际情况采取在职培训、脱产培训以及"请进来，走出去"等多种方式培训。

3. 在实践锻炼中提升自身素质

一定的领导素质只有在领导工作实践中才能得到发展和提高。对提高领导者素质来讲，学习重要，实践更重要。在实践中接受锻炼，经受考验，增长才干，历来是造就领导者的重要方法，也是领导者成长的最基本的途径。领导者只有在实践中经风雨、增长才干，才能真正成长起来。实践出真知，实践长素质，实践增才干。领导者一定要和一线职工同甘共苦、锤炼自己，经风雨，傲严寒，增长才干，不断成长。作为领导者，只有书本知识是远远不够的，还必须在实践中锻炼，才能成熟成长起来。坐而论道、纸上谈兵是做不好领导的。

总之，领导者素质是在长期的社会实践过程中积累而成的，一个组织和事业的发展，一是靠正确的方针政策，二是靠高素质的领导者。优秀的领导者要不断超越，不断开拓，不断创新，适应时代的挑战和发展，所以领导者素质的高低对组织至关重要。

第三章

与上司相处的艺术

作为中层，对待上司的确需要忠诚谦恭、适时退让，但处处退缩，不仅得不到上司的好感，相反还会迷失自我、处处被动，最终影响工作的顺利开展，甚至带来一些不必要的麻烦。

用心了解你的上司

作为中层领导，你所负责和主持的部门也是上司主管的部门。你的工作只有得到上司的肯定才能产生有意义的绩效，否则，你不论怎么做，都难以获得好的结果。上司对你满意不满意，一方面在于你做事能力和做人能力的展现；另一方面也在于你是否了解和适应上司的性格、心态和意图。所以，你若想赢得上司的支持，了解上司做人和做事的风格是十分必要的。

1. 了解上司的性格

性格决定一个人的行事风格。上司是什么性格的人对你开展部门工作有很大的影响。有的人性子急，有的人性子慢；有的人事必躬亲，有的人顺其自然；有的人宽己严人，有的人宽人严己；有的人心胸宽广，平易近人，有的人气量狭隘，冷漠等，不管是哪一种性格的上司，你都应该顺着他的脾气来，决不可逆着他的性情行事，这是你与上司搞好关系的大前提，也是你赢得上司支持的基本前提。

2. 了解上司的意图

"人非圣贤，孰能无过"，无论遇到什么样的领导，我们必须坚信，能够当领导的肯定有其过人之处，中层领导要做的就是要尊重领导，了解领导，适应领导，与领导搞好关系，做到按照领导的意图去工作，替领导分忧，这样，集体的目标才能顺利实现。千万不能我行我素，以自我为中心，这样的团队只会失去领导的支持，对整体工作带来很大隐患。

3. 了解上司的工作方式

每个上司都有不同的工作方式，有的雷厉风行，有的有条不紊，有的习惯于授权抓大事，有的则事必躬亲，有的习惯于听汇报，有的则习惯于深入到下层亲自了解情况。大多数上司都习惯于要求下属跟随自己的工作思路和节奏，如果下属总是要上司去适应自己的工作方式，久而久之，矛盾就会产生。思想上有矛盾，工作上必然会有不愉快，所以，主动适应上司的工作方式，这并不是刻意逢迎，而是为了更好地工作。

4. 了解上司的生活习惯

不同的领导有不同的生活习惯，有的习惯于每天上午刚上班两个小时内，处理最重要、最棘手的问题，有的则习惯在下午三四点钟处理重要的事情。这就要求中层全面掌握上司的工作习惯，在上司精力最集中、情绪最饱满、工作效率最高的时刻，把重要的工作计划和意见提交上去，这样就可以取得事半功倍的效果。将工作分门别类，分别在不同的时段请示上司，可以让你更好地处理工作。

5. 了解上司的特长

每个人都有其最擅长、最熟悉、最感兴趣的领域，这些领域一定是上司经验和智慧的聚焦点，更是最能给你提供有效支持的工作范围。一个优秀的中层，常常能敏锐地看准并利用上司的特长，主动寻求有效的支持。例如，对于专业性很强的工作，如果上司是专家，就一定要请其多对自己指导；如果上司对此了解甚少，就不要请其做具体指示。

了解了上司的习惯，就可以与上司相知在先，和谐相处。这样不但能让上司更乐于支持和信任自己的工作，还能更有效地为上司分忧解难，保障自己的工作顺利进行。要记住，上司也是普通人，他也有七情六欲，也有情绪、脾气、偏好等，如何把握上司的性格特点和处事风格，采用适当的应对方法来与之相处，是能否和上司和谐相处的关键。

赞美是一种正性刺激

大家都有这样的感觉，那就是会说话的人往往容易赢得上司的好感。话说得好听，说得到位，上司便易于接受你提出的条件和要求，否则即便是一件简单的事情，也会容易办砸。所以，要学会说赞美的话。

从心理学的角度来看，赞美他人会使别人愉快，被赞美者的良性回报也会使我们自己感到愉快，从而形成人际关系的良性循环。

人类的天性之一就是爱他人的赞扬，也就是说，人人都喜欢正性刺激，而拒绝那些负性刺激。因此，在管理过程中，中层领导要学会赞赏你的上司，善于夸奖上司的长处，你们之间的愉快度也将会大大增加。

有一位心理医生在银行排队取款时，看到前面有一位老先生满面愁苦，这位心理医生暗想，我要让他开朗起来。于是他一边排队一边寻找老先生的优点，终于他发现，老先生虽驼背哈腰，却长着一头漂亮的头发，于是当这位老先生办完事情走到心理医生面前时，心理医生衷心地赞道："先生，您的头发真漂亮！"老先生一向以一头漂亮的头发而自豪，听到心理医生的赞美非常高兴，顿时面容开朗起来，挺了挺腰，道谢后哼着歌走开了。

可见，一句简单的赞美给别人带来了多大的好处。

欧洲中世纪的黎塞留是赞扬他人方面的高手。例如，在别人看来，国王糟糕的情绪简直就是莫名其妙，而黎塞留却能解释国王常有的烦乱情绪，还能因势利导，以使迷惑的君主控制住自己，进而感觉良好。作为中层领导的你也许难以有黎塞留这样的能力，但如果你尽量去做了，你将会发现上级变得更加容易接近。

赞美上司要注意几点：

1. 语言要正确

赞扬上司最好以"公众"的语气赞美，同时把自己的赞美融入进去。

某公司总裁的一个管理模式被培训公司作为案例使用，公司行政总监不失时机夸赞："总裁，如今在业界大家都在学习您的管理模式呢。好多老板都认为您的管理模式非常适合当下企业的需要，好多人都要向您讨教呢。"总裁听后很高兴。

赞扬上司的语言要尽量使用"中性"词，而且态度要诚恳，要出于真心。否则上司会感到你言过其实，言不由衷。

有位领导经常自己写发言稿，偶尔秘书代笔时，他都事先把稿子的重要思想告诉秘书，供秘书执笔时参考。因此，秘书经常对他说"像您这样当领导，我们都快失业了""人家都说写稿子是件苦差，可是为您写稿子是件愉快的事情"。

看看，这样的赞扬恰如其分，这位领导每次都愉快地接受了。如果秘书说："您是文学天才！别的领导啥都不会，还逼我们给他写。"那么这位领导一定无法接受，秘书的赞美也不会有好的效果的。

2. 内容要正确

赞扬上司时，最要紧的是赞扬上司真正在乎的事情。上司不在乎的事情，你喋喋不休地赞扬，难免遭人讨厌。如新任职的上司的第一次公开讲话；上司做出的被实践证明是完全正确的决策；上司近期所取得的某项工作的成功，等等。这些常常是上司很在乎的事情，可以恰当地表示赞扬。

3. 方法要正确

对于赞扬的方法，直接赞扬和间接赞扬可以并用。所谓直接赞扬，主要是指对上司个人"有话直说"，当面赞扬。如上司刚做完报告，他主动询问你对报告的印象。那你就可以使用恰当的语言，实事求是地进行直接赞扬，切不要以"还可以""凑合"之类的话应付了事。

间接赞扬，也包括在对上司当面赞扬时采用迂回的方法进行赞扬。如上例，你还可以把大家听完报告后的反应转告给上司。你自己的意见是直接赞扬，大家的意见是间接赞扬。

拿破仑有一个随从非常崇拜他。一次，他对拿破仑说："将军！您是最讨厌别人对您拍马屁的吧？"拿破仑笑着回答："是的，一点也不错！"事实上，这不就是那位随从的一句间接的赞扬吗？

赞美别人，恭维别人，其实都是人际关系上的"润滑剂"，而且这种美丽的言辞"于人有利、于己无损而有利"的事，又何乐而不为呢！

4. 要注意场合

在上司的亲属面前赞扬要抓住他们的共同点。此外，在领导的上级面前要慎重称赞自己的领导，切莫将是非掺杂进去，弄巧成拙。在交际场合，称赞上司语言要简练，要起到"推销"领导的作用。

总之，赞扬上司要适度，要因人而异。

"推功揽过"是智慧

子云："善则称人，过则称己，则民不争；善则称人，过则称己，则怨益亡。"孔子这句话在告诫人们，有成绩要归功他人，有错误要归咎自己，这样一来百姓才会不争、不怨。

《菜根谭》中也有一句教人为人处事的话，即"当与人同过，不当与人同功，同功则相忌；可与人共患难，不可与人共安乐，安乐则相仇。"意思是说，在现实生活中，我们要有和别人共同承担过错的雅量，而不能有和别人共同分享功劳的念头。因为共同分享功劳会引起彼此的猜疑嫉妒；同样地，应该有和别人共同渡过难关的胸怀，而不能有和别人共同享受安乐荣华的念头，因为共同享受安乐荣华会造成彼此间相互仇恨。

对中层领导而言，"善则称人，过则称己"，意味着严于律己、宽容待人，在工作中要有"推功揽过"的精神。

当然,"推功"需要正确的意识和平和的心态。要知道,个体的力量始终是有限的,离开了团队、离开了集体,再厉害的英雄也成不了什么大事,而对于一个中层领导者来说,即使真是你一个人独立完成的业绩,你的今天也是在无数人帮助下所取得的结果,反过来,能做到"推功"的人,或者说具备这种意识和心态的人,在组织中的凝聚力就会因为他的谦虚而增强、因为他的磊落而加分。

如果你出了问题,很有可能会涉及团队中的每个人,古人云:"覆巢之下,安有完卵?"如果一个团队中,出了问题就把责任推给别人,或者别人出了问题就认为和自己无关,这样的团队无疑是缺乏竞争力、缺少凝聚力的。中层领导应该做的,就是要勇于承担责任,并将这种"揽过"的精神渗透到每个人的心中,营造"人人敢于担当,个个勇于负责"这样一种积极向上的氛围。

从另外一个角度来说,"成人之美"还是一种向善之心、造才之智。作为中层领导,在团队中,你不仅应该身先士卒、为人表率,严格管理、科学领导,更应该努力为下属创造条件,愿做铺路石、甘为扶人梯,这样才能培养和造就一个生机勃勃、攻坚克难的团队组织。

当今时代,要做一名善于推功揽过的中层领导还需要具备更全面的素质和更宽广的见识,要在错误发生时深刻总结经验教训,清醒认识自己的责任,既能够看出责任的相互联系,又能够看到事物的发展变化。

推功揽过,是一种为人处世的大智慧,也是领导艺术的一项重要法则。

与上司保持适当的距离

生物学家为了研究刺猬在寒冷冬天的生活习性做了一个实验:

把十几只刺猬放到户外的空地上。这些刺猬被冻得浑身发抖,为了取暖,它们只好紧紧地靠在一起,而相互靠拢后,又因为忍受不了彼此身上的长刺,很快就又各自分开了。可天气实在太冷了,它们又忍不住靠在一起取暖。然而,靠在一起时的刺痛使它们不得不再度分开。挨得太近,身上会被刺痛;离得太远,又冻得难受。刺猬们就这样反反复复地分了又聚,聚了又分,不断地在受冻与受刺之间挣扎。最后,刺猬们终于找到了一个适中的距离——既可以相互取暖,又不至于被彼此刺伤。

这就是心理学上著名的"刺猬效应"。刺猬效应强调的是"心理距离效应"。运用到管理实践中,就是中层领导要想搞好工作,应该与上司保持一种不远不近的合作关系。

我们都看过电影，大家都有过这样的感觉，坐座位时既不是越近越好，也不是越远越好，而是合适的距离为好。组织中的人际关系也是如此，关系太亲近了，有了错误会不便处理；关系太远了，容易被认为"高高在上"，架子大，对你不信任。

为此，中层领导要和上司保持一个适当的距离。一个优秀的中层领导者，要做到"疏者密之，密者疏之"，这才是管理之道。

美学上有句名言：距离产生美。事实上，现实管理中人与人之间也总是保持着一定的空间距离和时间距离。陌生人之间一般会保持 1 米以上的空间距离，太近了对别人会构成威胁，这种现象在心理学上叫"空间侵犯"。人们办事有时喜欢迟到、早退，拖拖沓沓，有时过急，有时过慢，这种现象在心理学上叫"时间侵犯"。了解这些心理现象，对于管理者合理调控组织人员彼此的关系，有着十分积极的意义。

一般来说，中层领导和上司走得太近会产生两方面的消极后果，一方面，会招来同事的嫉妒；另一方面，其他领导也会认定你是某一领导的亲信，很难给你提拔和晋升的机会。也就是说，周围的人都在用有色眼光看你。

对于一个人的优点别人也许不会太过留意，但是对于别人的缺点却印象深刻。与上司过度亲近，你一旦有做得不够完美的地方，只容易让你的上司看见；另外，在你与上司频繁的接触中，你性格上的弱点和能力的不足地方也容易被上司知道。这样一来，易使领导降低对你的好印象。

如果你才华横溢，你的能力得到了上司的肯定，你的上司会把大事小事都交给你做。那么上司的欣赏和与上司的亲密关系，可能会让你困在永远都忙不完的琐碎事务之中，没有空余时间做自己想做的事。

因此，与你的上司保持恰当的距离，既能使你们之间的关系永保和谐，也不至于陷入周围的人的流言之中。

要懂得助上的重要性

作为一名中层管理者，自己本身的工作能力、行为方式、思维方法等都会对团队成员产生莫大的影响。同时，中层管理者也处在上压下顶，左攻右击的位置，上级领导安排中层领导，去管理某些具体事情，中层领导就应该为上级领导负责，真正做到承上启下的作用，学会人生360度：45度做人，90度做事，180度处事，360度处人。要懂得恃才助上而不是恃才傲上。

早年，蒙牛集团在全球范围内招聘副总裁，一时间吸引无数人的注意力。经过一番角逐后，杨文俊最终胜出，并于次年正式接替牛根生担任了蒙牛集团总裁，牛根生自己则坐上了董事长的位置。

杨文俊上任之初，曾有人问他，作为总裁，将怎样与董事长牛根生配合管理蒙牛集团，杨文俊这样说道："假如说消费者需要一个蒙牛的形象代表，那就是牛根生。牛总需要做一些对外的工作，他做那些事情的时候，家里面就需要一个真正管运营的人，这是基础，我就是要把这个基础做好。"

杨文俊是这么说的，也是这么做的。上任伊始，他就请来著名的埃森哲管理咨询公司专门对蒙牛的生产流程进行优化，使生产率几乎提高了一倍。同时，为了抓紧实施蒙牛的国际化战略，杨文俊一方面组织人员到国外参观学习，另一方面在集团内部专门成立了海外推进部，加快了蒙牛产品出口的步伐。经过他的这些努力，如今，蒙牛的产品已经顺利进入世界市场，实现了蒙牛的国际化战略。而公司战略的成功也极大地提高了蒙牛员工的收入水平。根据统计显示，在不到两年的时间里，蒙牛员工的年收入几乎翻了一番。

与这些耀眼的光环相比，杨文俊从来都是一个低调的人，很多时候只知道蒙牛有个牛根生，而不知道有个杨文俊。在集团的很多决策问题上，他也从来不忘征求董事长牛根生的意见，总是恃才助上。

为什么如此出色的中层却能够安心地帮助上司，而没有轻慢之心呢？因为他们深知，自己是辅助上司的角色。作为一位有智慧的中层领导者应该明白，恃才傲上的危害是无穷的。首先，不利于工作的开展。当不团结、不协调的情况发生时，上司往往将责任归罪于恃才傲上的你。其次，对个人的发展极为不利。中层领导者傲上的表现，会使上司觉得他的尊严受到极大伤害，因而对你产生敌意。恃才傲上的中层领导者纵有运筹帷幄、经天纬地之才，也很难有用武之地。

真诚地向上司请教

"请教"是一种职场智慧，是一门费心的艺术。中层向上司请教是实现自我提升的有效途径，也是发展良好上下级关系的客观需要。

有一位韩国年轻人，他刚大学毕业的时候，找到了两份工作，他要在这两份工作中选择其一，这两份工作一是去美国当外交官，一是去印度。去美国是很多人向往的地方，那里风光优美，但美国消费水平高，要想攒钱贴补家用就很困难：如果去印度，条件就远不及美国，而且生活比较艰苦，但却能攒下一大笔钱。权衡再三后，这个年轻人最终选择了印度。

到了印度后，这个年轻人认识了韩国驻印度总领事卢信永。卢信永有着极其丰富的外交经验，但表面上却冷若冰霜，这让很多人对他望而生畏。不过，这位小伙子却发现了卢信永冷漠外表下的热情，主动去接近卢信永，经常向卢信永请教一些问题。时间久了，卢信永就和这个小伙子越来越亲近了。后来卢信永担任了韩国国务总理，他马上就想到了在印度与他共事的那位年轻人，便立即把那位年轻人推荐到总理府工作，后来又破格提拔那位年轻人担任了总理礼宾秘书、理事官。最终，这位年轻人登上了联合国秘书长的讲台。那位年轻人就是现在的联合国秘书长潘基文。

那作为中层领导，如何向上司请教呢？向上司请教要把握好分寸和"火候"，既要诚心诚意、虚心受教，以达到自我提高的目的；又要避免上司的误解，以致产生反效果。

1. 虚心请教，提高自我

虚心请教会让人受益匪浅。它不仅能帮你攻克难关，扫清工作障碍，也能促使你不断上进，提高解决问题的能力和水平；同时，虚心请教会让上司对你的"请教"产生好感，认为"孺子可教"，且好学上进，这促使你们关系更加友好、和谐，使工作配合更为默契。

相反，如果中层领导不懂得虚心请教，给上司以真诚和尊重，就很难赢得上司的好感，也很难获得上司的帮助和支持，自然是不利于个人的进步和成长。

2. "请教"贵在真心诚意

很多人将"向上司请教"视为接近上司的"突破口"。上文我们就说过，向上司请教要出自真心诚意，要"言之有物"，才可达到"受教"的效果。反之，如果玩弄某些小"花招"，或就一些鸡毛蒜皮、无关痛痒之事向上司"请教"，或者就某些本已心知肚明之事去"请教"上司，也很可能让上司视之为对他的打搅与套近乎。有的人甚至拿一些冷门问题去故意为难上司，以显示自己"勤于思考"等，殊不知，这种故弄玄虚的做法上司早已看在眼里、记在心里了，久而久之就会心生反感。如此下来，非但达不到接近上司的目的，反而会让上司对你的评价大打折扣。

所以，要避免上司对你的请教的反感，其根本途径在于你要端正心态，凡事以工作开展为核心，切忌存有"非分之想"，否则必将自食恶果。

如何面对上司不恰当的指令

一般人思维，上司是神圣不可侵犯的，很理所当然认为上司不会错，而作为一名员工的上司，也下意识地认为自己不会错，故此经常与上司接触的人，特别是中层领导，在发现上司犯错时，及时纠正以及如何纠正领导就犯难了，作为直接受其领导的下属，你该怎么办呢？你可灵活地采取以下对策有选择地接受：

1. 提醒法

上司有时下达的不恰当的指令，可能是不熟悉、不了解某一方面的情况，有的可能是上司一时遗忘了某个问题。如果作为下属的你意识到上司的错误就要明白地提醒他，上司认识到了，一般都会收回或修正指令。当然，提醒不是埋怨，也不是直通通、硬邦邦地批评。提醒要讲究策略，语气上尽可能委婉些。

2. 暗示法

接到上司不恰当的指令时，如果你觉得不能执行或无法执行，你可以先给上司以某种暗示，让其领悟到自己的指令有误。上司有时做出的错误指令，不是因为他的素质差、水平低，而是因为一时疏忽，没考虑周全，或是只看到了事物的表象，没看到事物的本质。只要你稍加提醒，他可能就会马上意识到。

3. 拖延法

上司有些不恰当的指令，是他一时心血来潮时突然想出来的，倘你唯命是从，马上付诸行动，那就铸成了事实上的过错。对上司一时心血来潮而向你发出指令的情况，最好的对策就是拖延，就是默认或口头上答应上司的指令，实际上迟迟不动。倘闲着不动，上司会产生疑心的，因此，你必须忙别的事，作为拖延的理由。虽然拖延法是消极的，但对有些非原则性问题的不恰当指令，只能如此。你拖延了一段时间后，上司的头脑冷静了，或许有了新的认识，就可能收回指令，或让其不了了之。

4. 推辞法

对上司不恰当的指令，你也可以考虑推辞一下。如果推辞需要有理由，有的可从职责范围提出，譬如说："总觉得这件事不是我的职责，要不，同事关系就不大好处理了。"有的可从个人的特殊情况提出。但不管从哪一方面出发，理由一定要真实和充分。你推辞了，有的上司还可能会这样问："那你觉得这件事应该由谁来做？"你不能随便点别人的名，也不要随口说"除了我，其他谁都可以"之类的话，比较巧妙的回答是："这事谁来做，我了解得不全面，还是您来定夺好。"这不是要滑头，而是委婉的拒绝。

另外，对于上司提出的那些明显违反法律、政策条例的指令，毫无疑问，下属应当坚决拒绝和抵制，并明确地向上司陈述理由。有些下属，明明知道上司的指令是不正确的，是有原则性错误的，但认为"反正是上司要我做的，所有的责任都要由上司来负责"，于是，就不假思索去执行了。这是头脑简单的表现失去了做人的基本原则。因而，对于上司的指令要保持清醒的头脑，要有主见，不能盲从。同时，拒绝上司的指令需要勇气，甚至要承受一定压力，但涉及原则问题，必须拒绝，别无他法。

如何与不同性格的领导相处

上司也是人，也有七情六欲、喜怒哀乐，也有脾气、有偏好、有坏毛病、有人情事故、有家常琐事。这就自然决定了不同的上司会有不同的性格特点，聪明的中层领导往往都谙熟自己上司的个性，根据上司的性格与其积极、主动地相处，令上司舒心、自己踏实。

1.工作狂式领导

如果你的上司是个工作狂，那我们很同情地告诉你，你就认命吧！工作狂有一个通病，那就是他也希望下属都和自己一样拼命工作，不舍昼夜，在他看来，不断工作才是最佳生活方式，而且每个人都应该如此。

可是，天天超时工作，节假日常常加班，有什么人生乐趣呢？但又该怎样既改善情况而又不影响工作呢？此时你切忌去劝阻他的工作方式，而应该通过你的工作方式让他明白，不断埋头工作，花掉大量私人时间，并不是聪明和必然的做法。

赵军是销售部的主管，最近公司计划在北京搞一次大型宣传活动，于是，部门经理让他写一个策划方案，而且要求他一周内完成，经理还暗示恐怕要加班才能做得好。赵军接到任务后，也感觉时间很紧，但他以自己高效的工作方式，在没有加班的情况下，提前且漂亮地完成了宣传方案。销售经理也很佩服赵军的工作效率。一次如此，两次如此，时间一长，赵军就等于是在向销售经理宣示，告诉他工作其实可以高效、轻松地完成，而不是靠加班加点来完成。

2.爱大权独揽的上司

这种上司除了对下属的工作要求苛刻外，最让人无法忍受的是他们什么事都爱插手，从不给下属独当一面的机会。遇到这样的上司，在他给你分配任务时，一定要细心完成，且在事前问清楚他的要求、工作性质、最后完成的期限等，并要不时向他汇报进度，以求尽量符合他的要求，并让他感觉到，你是一直在他的指挥下工作的。只要你愿意费点心思，还是能与这样的上司很好相处的。假如他批评过你的一些工作方式，何不尝试不同的方式，尽你最大的努力按他的意图去做，你将发现他并不如你想象中那样不可理喻。

3. 喜欢猜忌的领导

如果你的领导是个喜欢猜忌的人，最好的办法就是每天或者至少是每周向他汇报一次工作，清楚地告诉他你今天或这周都做了哪些工作，以打消他的疑心，不必整天怀疑你偷懒不干活。领导都喜欢下属向他汇报和请示，喜欢猜忌的领导更是如此。

4. 优柔寡断的领导

跟随优柔寡断的领导工作通常会很累，即使是已经决定好的事情，只要别人提出一点意见，他就会改变计划，下属就要从头再来。对这类领导，你没有耐心是不行的，你可以在不让他感到有失身份的前提下，支持他的决定，帮他增强信心，那就省事多了。这种领导通常做决定的时候愿意与人商量，你能多跟他探讨一些问题，还会增加他对你的信赖。

5. 健忘型的领导

有些领导总是很健忘，比如他明明在前一天让你这么做任务，可几天后你把结果拿给他看，他却说根本没讲过，或者说他之前讲的是别的意思。应对健忘型领导的方法是：当他在讲述某个事件或表明某种观点时，下属可装作不懂，故意多问他几遍，也可提出自己不同的看法，以故意引起讨论来加深领导的印象。在最后，还可以对领导的陈述进行概括，用简短的语言重复给领导听，让他能牢牢记住。

6. 不体恤"民情"的上司

你的上司也许是个从不体恤"民情"的人，碰上这样的上司，你真是有苦难言啊。即便如此，你也千万不要向其他部门的同事诉苦，指摘上司的不足，因为这样非但于事无补，还有可能恶化你同上司的关系。你可以向上司直接表态！不过事先一定要分析一下对方的性格和预计一下他的反应。对于思想保守、自尊心强的人，切勿开门见山的大诉不满，只能婉转相告；若对方比较开放，胸襟较宽广，不妨约一个时间，将你心中的话一一坦言，相信不难找出一个解决办法。

总而言之，每个人都有自己的性格，与上司每天有三分之一的时间在一起相处，难免发生摩擦。所以，无论如何知己知彼是极其重要的，在表现自己之余必须与形形色色的上司融洽相处，因人施事，才会收到好的结果。

给上司挑错有技巧

金无足赤，人无完人，上司也有错了的时候。但如何给上司挑错可不是闹着玩的，有些人直言快语，肚子里放不住几句话，发现领导的疏漏就沉不住气，当众就让上司下不来台。而那些聪明的人却能巧妙地化解僵局，既纠正了上司的错，还给上司留足了面子。

慈禧太后爱看京戏，常赏赐艺人一点东西。一次她看完著名演员杨小楼的戏后，把他召到眼前，指着满桌子的糕点说："这些赐给你，带回去吧！"

善于察言观色的杨小楼看到今天慈禧太后心情大好，于是他顿生出一个想法，想要慈禧给他写个字，他早就听说太后写的"福"字不错，何不趁机讨要一"福"字呢？于是他一边叩头谢恩，一边壮着胆子说："叩谢太后，这些贵重之物，奴才不敢领，请……另外恩赐点……"

"要什么？"慈禧心情的确不错，并未发怒。

杨小楼又叩头说："太后洪福齐天，不知可否赐个'福'给奴才。"慈禧听了，准！于是让太监捧笔墨伺候，挥毫泼墨，写了一个"福"字。

站在一旁的小王爷看了慈禧写的字，悄悄地说："福字是'示'字旁，不是'衣'字旁的呢！"杨小楼一看，这字写错了，若拿回去必遭人非议。可不拿回去也不好，慈禧太后一怒那可是要命的。要也不是，不要也不是，急得杨小楼直冒冷汗。

气氛陡然紧张了起来，慈禧太后也觉得怪不好意思，既不想让杨小楼拿去错字，又不好意思再要回来。

站在旁边的太监李莲英看懂了，他脑子一动，笑呵呵地说："太后之福，比世上任何人都要多出一'点'呀！"杨小楼一听，也茅塞顿开，连忙叩首道："太后福多，这万人之上之福，奴才怎么敢领呢！"慈禧太后正为下不了台而尴尬，听李莲英这么一说，急忙顺水推舟，笑着说："好吧，隔天再赐你吧。"就这样，李莲英为二人解脱了窘境。

李莲英巧妙地指出了慈禧太后的错，给足了太后面子，也破了僵局，可谓一石二鸟。

这事放在企业管理中也一样，身为中层的你，发现上司在给员工开会讲话出现遗漏，此时你该怎么办？要解决这种左右为难的情况，可以从下面两个例子学习经验：

杰克是公司的销售主管，公司的总经理在做年终总结讲话时，把一个重要的销售问题给遗漏了，销售问题是杰克工作范围内的事，他如果直接把上司遗漏的问题补充说明一下，那么上司会认为杰克根本不把自己放在眼里，后果的严重性可想而知；如果不说出上司遗漏的问题，会后他还是会被上司批评的。思考了一下，杰克想出了一个两全其美的好方法。于是，他在便条纸上写下"关于……销售问题的决定"等，然后偷偷地递给总经理，希望提醒他，把此决定在会上公布一下。总经理看了纸条的内容，会意地对他笑了一下，然后补充了杰克提醒的问题。会后，上司还私下对杰克提出表扬，并表示感谢。

杰克的这种做法十分明智，如果等总经理讲完话，他急忙站起来补充说明一番，相信总经理必定很生气，不但不感激他的补充，而且事后必定气冲冲地责备他："你以为我把那项决定忘在脑后了？我记得比谁都清楚，只不过我认为暂时不宜在会上宣布，没想到你自作聪明，招呼都不打一声，就宣布了。"如果总经理真的忘了，而杰克又没有提醒，总经理会认为他根本心不在焉，工作态度不认真，这么重要的事都不提醒一下，以后根本不能信任他。在说与不说之间，杰克选择了一种合适的方式，即不明言，但该提醒的也提醒了，至于总经理说不说出来，由总经理决定。

我们再来看另外一个例子：

业务经理约翰陪老板到客户那里谈判，客户提出让利5%，老板坚决反对，认为那样自己公司将一点利润也没有，见此情况，约翰马上拿出计算器，熟练地计算一番，然后把结果显示给老板看，嘴上也附和着老板说："不行，这样我们就无利可图了！"老板看看结果，心里明白，接着说："虽然如此，但是看在老客户的份上，我再想想办法吧。"约翰早就知道客户的条件对公司很有利，可是又不能直接告诉老板。于是，就把计算结果给老板看，以做暗示，让老板心里明白。他计算出结果，嘴上却附和老板说不行，实则将决定权交给老板。

由此可见，给上司挑错最好的方法就是用巧妙的形式表达，这样既不损伤上司的颜面，又可以纠正上司的错误，自己也不会陷入尴尬境地，实则为一个有效又有利的好方法。

与上司打交道的 6 大技巧

要得到领导的信任和重用，就要懂得和领导相处的技巧，只要把握好这些技巧，赢得领导的欢心，并不是一件难事，以下与领导相处的6个技巧可供参考。

1. 时刻表现忠诚

通常在公司里，你的领导都会把你当成是自己人，而且也希望作为下属的你能对他忠诚、听他的指挥、拥护他。如果让领导发现自己的下属与自己不是一条心，他就会对这个人产生反感。所以，对你的领导用行动来向他表示你的忠诚，不但能够得到领导的尊重和赏识，而且也会在工作中得到领导很大的帮助。

2. 把个人利益放在后

在当今充满竞争的社会，人们很多时候都是把个人利益放在首位的，在工作中更是如此，但是如果你对个人利益要求得过多，反而会适得其反。在追求个人利益的时候，最好是由你的领导主动地给予，因为过分争取会让你的领导感觉你是个很自我的人。因此，当你想要得到个人利益的时候，首先要把自己的本职工作做好，尽最大能力去满足领导的要求并加以创新，你自然就会得到应该得到的一切。

3. 要表现精明能干

在工作中，领导一般都很喜欢有头脑、有创造力、聪明能干的下属。因为这样的下属学技能快，做事情也干净利落，通常会很出色地完成所交代的任务。一般领导对下属的要求是做好自己的本职工作，如果下属能在完成本职工作的同时，还有更出色的表现的话，便易得到领导的重用。

4. 顺从不是屈服

人们通常都有一种不服输的心理，所以很多人都会觉得自己的领导其实并没有什么地方比自己强。换个角度想想，既然他能坐到领导这个位置上，那就一定有他的过人之处，你不妨试着多找出一些他的优点。当你发现他的优点，就自然会去尊敬他，向他学习，也就自然更容易接受他的命令了。只要你的领导知道你是尊敬且服从他的，即便是他开始对你的印象并不好，也会随着时间的推移而改变。而当你真正认识到了他人需要被尊重的必要性时，你也会自然地服从领导，而不会认为是屈服。

5. 学会安慰领导

心理学上认为，安慰与鼓励是人的一种亲社会行为，指的是通过倾听与建议帮助他人减少烦恼、缓解低落情绪。然而，采用不恰当的安慰方式，不仅会使对方难以从你这里获得支持，反而会加剧对方的痛苦感受。因此，安慰一个人同样是需要技巧的，心理学家认为，真正安慰一个人，只需要 7 个字，那就是：我理解你的感受。"我理解你的感受"，这句话看似简单，其实有着很大的作用，当你向你的上司说出这 7 个字，上司会觉得你是一个可以倾诉、值得依赖的人。

6. 经常向上司请教

在今天这种竞争的社会压力下，你的谦逊可以向领导表明你对他的尊重。那么，如何向上司请教呢？那就是不要羞涩，也不要害怕，更不要觉得领导不会，虚心真诚向领导请教能迅速拉近与领导之间的关系，也能给领导留下上进的好印象。

第四章

巧用激励，
让员工自动自发地工作

作为中层，如何管理好下属，带好你的团队，让员工自动自发地工作，那可是需要艺术的，其中，激励这个措施就是最好的抓手，它可以挖掘人的潜力，提高人力资源质量。美国哈佛大学教授威廉·詹姆士研究发现，在缺乏激励的环境中，人的潜力只能发挥出 20%～30%，如果受到充分的激励，人的潜力可发挥 80%～90%。

赞扬是有效的激励方式

心理学家威廉·姆士说："人类本性最深的企图之一是期望被人赞美和肯定。渴望赞美是每个人内心里的一种最基本的愿望。我们都希望自己的成绩和优点得到别人的认可，哪怕这种渴望在别人看来似乎有点虚荣成分。"

每位员工都希望自己能得到领导的赏识与赞美，赞美是调节管理者和员工之间关系的润滑剂，是一种很有效的激励员工的方法。管理者应抓住每一个赞美员工的机会，善于运用欣赏的眼光看待每一位员工，赞美员工可以让员工觉得被认可和尊重。

一句普普通通但却真挚诚恳的赞美之语，对别人而言也许能够成为莫大的鼓舞与激励。赞美使人的努力得到他人的肯定与赞同，获得心理上的满足与鼓舞，也就赋予了人们一种积极向上的力量。

尽管很多领导也知道赞美员工的重要性，却不知应该在怎样的时间、怎样的地点、用怎样的方式去赞美员工。赞美不是简单地说几句恭维的话，如果不掌握一定的赞美技巧，是很难达到激励效果的。

1. 赞美的态度要真诚

中层领导不要在对员工了解甚少的情况下，形式化地说一些"前途无量""年轻有为""干得不错"等客套话，这些面子话是打动不了员工的，更别提起到激励员工的作用。赞美要能真正显示出被赞美者的价值，是领导在花费了精力去思考后得出的结果，是真诚的赞美，而不是随便说说。

真诚地赞美一定要有前提，言之有物的赞美才能真正打动员工的心。一般来说，工作出色的员工听到的赞美声很多，领导夸他能干，就不如具体说哪件事做得更好，更有价值。不要只简单地夸他哪方面好，如果你对他的工作很了解，或者你作为外行请教他工作的一些方法，一些术语等，然后再赞美，这样收到的效果会更好。

赞美员工时一定要切合实际，可以从熟悉的员工入手，谈谈员工给你留下的深刻印象。对于新人交来的报告，在还没有细读的情况下，可以先称赞一下员工行文的工整以及字体的漂亮等。只要赞美是客观存在的，就会更显真诚，从而起到激励效果。

2. 赞美要及时

赞美员工是对一个员工的能力、才干等各个方面的认可与肯定，赞美只有及时才能更好地发挥作用。

美国福克斯公司刚成立时，急需一项重要的技术。一天深夜，一位科学家拿着一台确能解决问题的原型机闯进了总裁的办公室。总裁发现这个原型机非常妙，简直令人难以置信，琢磨着该怎样奖励这位科学家。他弯下腰把办公桌的所有抽屉翻了个遍，总算找到了一件东西，于是躬身对那位科学家说："这个奖给你了！"他手上拿的竟是一只香蕉，而这只香蕉是他当时能拿得出的唯一奖品了。

从此以后，香蕉演化成小小的"金香蕉"形别针，作为福克斯公司对做出重大科学成就的员工的最高奖赏。

由此看出美国福克斯公司领导对及时赞美的重视。其实每位员工在完成工作任务以后，都希望尽快了解自己的工作任务完成的效果如何。好的效果，会给予员工愉悦的心情、信心和鼓励；不好的效果，可以让员工意识到不足，总结下次改进要点，以便取得好的成绩。如果管理者对员工的信息反馈不及时，时间长了，员工的工作热情下降了、淡化了，这时再赞美就失去了它的作用和意义了。

另外一家公司的"一分钟经理"提倡"一分钟表扬术"，即员工做对了，上司马上要表扬，而且要明确地指出做对了什么，这使员工感到上司为你取得成绩而高兴，与你站在一条战线上分享成绩的喜悦，然后员工继续努力。一共花一分钟的时间。员工对"一分钟经理"的做法颇为推崇。这位经理说，帮助员工产生好的情绪是做好工作的关键。正是在这种动机的指导下，他推广"一分钟表扬术"。这样做有三层意思：一是表扬要及时；二是表扬要具体，准确无误，不能含含糊糊；三是与员工同享成功的喜悦。

3. 赞美要公平

管理者赞美员工，实际上是把奖赏给予员工，就像分蛋糕一样，必须做到公平、公正。

每个管理者都会有几个得意的员工，不只是合作中愉快，志趣也相投。对他们一有成绩就表扬，心情一高兴就夸奖几句，喜爱之情溢于言表，很容易引起其他员工的不满。而对于自己不喜欢的员工即使有了成绩也看不到，甚至把集体参与的事情归于自己或某个员工，同样会引起员工的不满，从而激化了内部矛盾。

所以，中层领导要做到公平地赞美员工，需要注意以下几点：赞美有缺点的员工要有针对性，赞美比自己强的员工要公平，赞美自己喜欢的员工要适度。

中层领导在赞美员工时，要做到对事不对人，该鼓励时要鼓励，该批评时要批评，只有对所有的员工一视同仁，才能赢得员工的爱戴和拥护。

4. 当众赞美要得体

一个美国企业家说："如果我看到一位员工杰出的工作，我会很兴奋。我会冲进大厅，让其他员工都看到这个人的成果，并且告诉员工如何把工作做好。同时也给员工以暗示，只有把工作做好才会受到表彰。"

赞美要在一个公开的场合对单独的一个或几个人表扬。当着全体员工赞美个别员工，号召全体员工向他学习，让被赞美的员工受到鼓励，感到被肯定和被认可；同时还可以给其他员工树立榜样，鼓励其他员工努力工作，做出更优异的成绩。由此可见，当众赞美一个员工是驾驭和调动员工工作积极性的有效方法。

但是需要注意的是在众人面前过分赞美某位员工，会引起其他员工的不满，而被赞美的员工也会感到不安，也许会有很多人产生妒忌心理。所以，在众人面前赞美个别员工时一定要得体。

5. 巧用第三者赞美员工

在直接赞美员工时，员工极有可能会将你的赞美当成面子话、安慰的话。赞美若是通过第三者来传达，效果便截然不同了。被赞美的员工肯定认为那是发自内心的赞美，于是真诚接受，感激不已。只有在这种情况下，赞美才能达到鼓励员工的效果。

人都是有竞争心理的，当管理者在第三者面前称赞某位员工时，或许会激励第三者鼓足干劲向这位员工学习，努力将工作做得更好。

借第三者之口，向被赞美的员工传达赞美之辞，使其相信赞美毫无夸大成分，是出自真心的赞美。如你可以对员工说："昨天见到了客户马经理，他对你赞不绝口，说你服务好，热心细致又周到。"相信员工听了这样的话一定会备受鼓舞的。

当然，在第三者面前赞美员工，一定要考虑员工的感受以及该第三者的感受，把握好分寸才能收到好的效果，否则只会使员工关系紧张，不利于提高工作效率。

中层领导只有掌握了赞美员工的技巧，做到公正、及时、得体地称赞自己的员工，才能真正鼓舞员工的士气、增强企业的凝聚力、提高工作效率。

以美好的愿景激励员工

愿景可以帮助人们建立信任、协作、互相依赖、激励和对取得成功的共同责任感，愿景可以帮助组织成员做出明智的选择。这是因为在他们做决策的时候，脑子里有明晰的最终结果，目标达到后，对下一步该做什么，这个问题的答案就变得清晰了。

一个令人信服的愿景可以创造出卓越的组织文化，在这种文化氛围下，组织中每个人的能量都是协调一致的，从而带来信任、满意以及一个精力充沛、坚定不移的工作团队和可观的组织收益。管理大师彼得·德鲁克曾说过："预见未来的最好方式，就是去创造未来。"

阿里巴巴在创立时，马云就提出两个愿景来激励他所带领的团队：一是阿里要活102年，阿里1999年成立，102年就可以横跨三个世纪；二是要成为世界十大网站之一。

马云说："我们不断地强调使命和愿景，有的人讲阿里巴巴给大家洗脑，其实错了。在信息开放的今天，还有几个人能真的被洗脑？员工相信阿里巴巴的使命和愿景，是因为我们真正激发了员工内心的动力。愿景和使命碰在一起，会激发出强烈的火花，点燃人们的内心，大家觉得做这件事情有意义，才会努力做下去。"

越是远大的愿景，看起来就越是遥不可及。但如果将愿景分解成一个个分目标，便会觉得它们离我们并不遥远。对中层领导来说，重要的是让员工感觉到一种能够引以为自豪的成就感，哪怕是他们在短期内没能达到这些高标准的要求。

一个强有力、形象生动的美好愿景对员工的激励作用是巨大的。那么，中层领导如何通过向员工描绘愿景来激励员工呢？

1.愿景要得到员工的认同

创造愿景的过程为企业发展的一种历程，要想得到员工对愿景的看法和相关信息，就要与员工多沟通。让员工参与愿景的创造过程，这样加深他们对愿景的理解和认同。

2. 描绘令人信服的愿景

成功的中层领导必须要懂得描绘出一幅令人信服的美好愿景，吸引并调动企业员工的积极性去共同为之奋斗。从蓝色巨人 IBM 到汽车大亨通用，我们可以发现，伟大的企业之所以成功，或许正是因为企业的领导能够看到别人看不到的东西，提出别人提不出的问题，并制定自己的方针，将洞察力与策略相结合，描绘出具有鲜明特点的蓝图和愿景。

3. 将愿景转化为有意义的目标

从愿景到成功，还有遥远的距离。具有美好愿景只是万里征途的第一步，要将愿景转化为一个有意义的目标，才可以清晰明了地让员工们从客观的角度理解自己所从事的工作内容，并激发员工的热情和忠诚。

《领导艺术》一书的作者马克思·杜普雷曾经说过："在扮演愿景角色的过程中，你必须像一个三年级的老师那样不停地一直说，直到员工正确、正确、再正确地理解了这个愿景。你越是更多地关注你的愿景，它就会越来越清晰、越来越深刻地被理解。"美好的愿景一旦实现，给人的成就感会更加强烈，即使达不到预想的结果，也会比没有愿景要催人奋进。

用激励代替批评

用激励代替批评——这是伟大的心理学家史金纳教学的基本观点，他以动物和人的实验来证明：当减少批评，多多激励对方时，人的心情就会愉悦，所做的好事会增加；而比较不好的事会因受忽视而逐渐萎缩。所以，我们应该给予他人更多的赞美和激励。

很多年以前，一个 10 岁的小男孩在一家工厂里做工。他的梦想是将来做一名歌星，但是，他的第一位老师却泄了他的气，他说："你不能唱歌，你根本就五音不全，唱歌简直就像风在吹百叶窗一样。"

然而，他的妈妈，一位穷苦的农妇，却用手搂着他并称赞他。她知道他能唱，她觉得他每天都在进步，所以她节省下每一分钱，送他去上音乐课。这位母亲的激励，令这个男孩的一生发生了改变。他的名字叫恩瑞哥·卡罗素，后来成了他所在时代最伟大、最知名的歌剧演唱家。

还有一位年轻人，他很想成为一名作家，但是，他的家庭十分贫困，父亲正在坐牢，他和家人经常受饥饿之苦。后来，他终于找了一份工作，在一个又脏又乱的货仓里贴鞋油底的标签。他对自己的工作没有丝毫兴趣，对自己的能力也毫无信心，但是为了填饱肚子又不得不做这份工作。虽然处境恶劣，但是年轻人对写作的爱好从没有放弃，他总是在深夜里溜出去寄稿子，因为他害怕被别人看见了会笑话自己。虽然，一篇又一篇文章被退了回来，但他没有放弃，一直坚持写。终于有一天，一位编辑夸奖了他，认为他很有写作的天赋，承认了他的价值，这使他受到的极大的鼓舞，对自己充满了信心。编辑无意中的激励语言，却改变了年轻人一生的命运。这个年轻人就是鼎鼎大名的作家——查尔斯·狄更斯。

一句激励的话，改变了一个人，同理，也能改变员工的行为。

美国前总统柯立芝就是一位善于运用激励方法来调动下属的积极性的人。他在与人交谈时，会给对方以足够的勇气和信心，使人充满自信。一次，他邀请汤姆金斯夫妇参加他的桥牌友谊赛。然而，桥牌对于汤姆金斯来说是一个完全陌生的游戏。但是，柯立芝对他说："汤姆，为什么你不来试试呢？其实游戏中除了需要一些记忆与判断能力外，没有其他什么技巧可言。你曾经对人类记忆的组织有过深入的研究，所以我认为打桥牌对你来说没有一点难度。"汤姆金斯还没有意识到什么的时候，已经被柯立芝拉到了桥牌桌前。后来，汤姆金斯回忆说，他有生以来第一次参加桥牌比赛，完全是因为柯立芝总统的一番话给了自己信心，使他觉得打桥牌不是一件难事。同时，通过这第一次尝试，使他认识到一个足以改变人生的哲理，即如果能够恰当地使用鼓励，就能在对方接受的前提下，能令其有信心去面对错误与不足，然后改变它。

任何一个人的能力都会在批评下萎缩，但却能在鼓励下绽放。因此，作为中层领导如果希望下属把某件事做好，那么，即使下属仅仅获得了细小的进步，也不要吝啬你的鼓励。因为，每个人都需要他人诚恳的认同和慷慨的赞美。如果能获得领导的鼓励，相信下属的内心一定会充满力量的。

榜样的无穷力量

言传再多也不如身教有效，给对方树立一个榜样就是最好的教导。要想成为一个优秀的中层领导，首先要管好自己，为员工们树立一个良好的榜样。再多的言辞教导也不如身体力行有效。领导的力量，往往不是由语言体现出来的，而是用行为来证明的。在一个组织里，领导者是众人的榜样，领导者的举手投足都在众人的眼里，只要你懂得以行为来影响员工，管理起来就会得心应手了。

　　如果一个领导工作懒散，那么他就没有理由要求员工做好，因为员工会想：你都做不到，有什么权力说我？所以，领导应以身作则做好表率，员工看到领导一马当先，又怎么会不倾力相随呢？

　　联想集团的柳传志就是一个很好的例子，当年，联想靠20万元起家，在柳传志的带领下，如今的联想已发展为中国电子工业的龙头老大，而柳传志也被人们看作商界英雄，成为一个具有崇高威望的企业领导人。

　　了解联想的人都知道，联想能有今天的辉煌，与柳传志的人格魅力是分不开的。

　　联想有一条硬性规定，那就是但凡举行20人以上的会议时，迟到者要被罚站1分钟。在这1分钟之后，会议才能开始。第一个受柳传志惩罚的人是他原来的老领导，罚站的时候老领导十分紧张，一身是汗，柳传志也一身是汗。作为以前的领导，柳传志非常尊敬他，但在规矩面前人人平等，柳传志对他的老领导说："你先在这儿站1分钟，今天晚上我到你家里给你站1分钟。"联想的制度就这样，领导要以身作则，不能坏了规矩，因为迟到，柳传志本人也被罚过3次.其中有一次是办公楼里的电梯坏了，他被困在里面了，最终被罚了站。

　　柳传志有一段名言："第一，做人要正。虽然这是老生常谈，但确确实实极为重要。一个组织里面，人怎么用呢？我们认为每个人就相当于一个个阿拉伯数字。比如说10000，前面的'1'是有效数字。带一个零就是'10'，带两个'0'就是'100'……其实'1'极其关键。很多企业请了很多有水平的人才，甚至国外的人才，依然做得不好，是因为前面的'1'倒下了，它只是个零。作为'1'的你一定要正。"

　　柳传志说到做到，他从不因为自己是公司最高领导就搞例外。联想有一条规定，即公司领导的子女不能在公司任职。柳传志的儿子是北京邮电学院计算机专业毕业的，非常适合在联想这样的电子公司工作，但是柳传志不让他到公司来，因为他怕儿子进了公司，大家的关系将变得更加复杂，不利于公司的运作。

　　柳传志以身作则，率先示范，联想的其他领导人也都以他为榜样，自觉地遵循着公司的各种"天条"，正是这些"天条"使得联想的事业得以稳健发展。

　　中层领导都非常希望自己带的队伍是一支高素质的员工队伍。同样，员工也希望自己的领导是个事业上处处以身作则，靠得住、信得过的带头人。只有这样，员工们才会感到有前景，死心塌地地追随你。

齐桓公喜欢穿紫色的衣服，于是大臣、贵族们都有样学样，穿起紫色的衣服来。一时间，紫色布料价格大涨。五匹白布都换不到一匹紫布。物价飞涨，齐桓公很担心，就请教管仲。管仲对齐桓公说，从明天起，你自己别穿紫衣服了，同时，还得表现出对穿紫衣服的人冷漠一些。齐桓公答应了。第二天，齐桓公果然不穿紫色的衣服了，而且，看到有穿紫衣的，就皱着眉头说："我讨厌紫色，离我远点。"结果，不出三天，所有的大臣都不穿紫色的衣服了，不出三月，所有的大臣贵族都不穿紫色衣服了，不出一年，全国就再也没有人喜欢穿紫色衣服了。

"善为人者能自为，善治人者能自治"，作为管理者，如果不能自律，就无法以德服人、以力御人，如果无法取得他人的信赖和认可，将必败无疑。

那么，中层领导如何才能给员工树立榜样，以身作则呢？以下几点不妨参考。

1. 言行一致

处理问题要做到言行一致，不能搞特殊。就是说中层领导要求员工做到的事，首先自己要做好。而不能"说一套，做一套"；或者"当面一套，背后一套"。

2. 树立良好风气

中层领导要带头树立良好的风气，和员工一起按照统一的原则行事。部门里一旦形成了好的风气，个别员工在犯错误的时候心里就会掂量掂量了。久而久之，员工就会养成良好的习惯，整体素质就会提高。

3. 身教重于言传

把身教与言传结合起来。组织的制度既是给员工定的，同样也是给领导定的。如果领导都不遵守制度，如何要求部门的员工遵守呢？要知道，最容易破坏制度的也是那些制定制度的人。

中层领导是企业的执行阶层，是行动的焦点。但是，一呼百应的感召力绝不是一个领导职位就能赋予的，一个没有追随者的领导，只能是权力的空壳。正如李嘉诚所言，"是员工成就了老板，而不是老板成就了员工"。要想让更多的人才追随于左右，管理者就要从自身做起，凡事以身作则，给追随者树立一个榜样。久而久之，你身边的人才就越聚越多。

设立"止步线"，巧施负激励

所谓负激励，是指当员工的行为不符合组织目标和需要时，组织将给予惩罚或批评，使此行为减弱和消退，从而来抑制这种行为。就像道德与法律的界线一样，逾越了道德的界线必然会受到法律的惩处，负激励也是如此，组织一般都设有日常的行为准则、管理制度等，超出了这个准则、制度必然会受到一定的制裁。当然，负激励的措施和手段大部分存在于组织的相应管理制度中。负激励作为一条"止步线"，也许员工平常很少注意到，实际上却起到控制员工行为不可或缺的作用，在日常的潜移默化中，员工自觉或不自觉地已经接受了这种负激励制度的约束，无形之中给组织的管理行为带来持续良性循环效应。

海尔允许员工竞争领导岗位，甚至在员工这一层面海尔也制定了"三工并存，动态转换"等奖罚措施，既通过设置切实可行的目标给员工以期望，又通过制度、办法刺激动机，如成为"优秀员工"的升级，算是正刺激，而成为"不合格员工"的降级使用就是负刺激。通过这样反复不断的刺激，促使每个员工认同新的、更高的目标。张瑞敏说："我们靠的是建立一个让每个人在实现集体大目标的过程中充分实现个人价值的机制。这种机制使每位员工都能够找到一个发挥自己才能的位置。我们创造的是这样一种文化氛围，你干好了，就会得到正激励与尊重；同样，干得不好，会受到负激励。"他解释说，为什么不叫惩罚而叫负激励，其目的在于教育你不再犯同样的错误，而不仅仅是简单地让你付出点代价。

那么，中层领导如何实现对员工的负激励呢？

1. 负激励的执行不能产生偏差

在组织管理行为中要做到"负激励面前人人平等"，它的执行比通常的奖励、表彰等正激励要更为准确、适当，难度也较大。负激励一旦产生偏差，员工就会有所计较，会导致组织管理者的权威受损，甚至导致组织管理形同虚设。

2. 在负激励面前要以身作则

作为企业的管理者，中层领导要舍得"亏"自己，要陪同员工接受应承担的责任，让员工们心服口服。

3. 正确把握负激励的力度和尺度

毋庸置疑，负激励的实施会给员工造成工作不安定感，同时还会造成下级与上级关系紧张，同事间关系复杂，有时候甚至会破坏组织的凝聚力。过于严厉的负激励措施容易伤害人的感情，使人整天处于战战兢兢的状态，很容易抹杀个人创新能力和积极性；负激励措施太轻了，员工们就不当回事，不痛不痒，既起不到震慑作用，又达不到预期目的。因此，负激励的运用一定要注意把握一个"度"，对不同的员工，有时候还需要区别对待。

要强调"我们"的概念

有一次，一个著名公司的总经理克鲁斯问董事长："他们在干什么？"

董事长严肃地望着他："他们是谁？"

"我们楼下的维修工啊。"总经理说。克鲁斯并没有反应过来董事长的用意。

又有一次，克鲁斯问："他们那个工程……"

"他们是谁？"克鲁斯的话还没说完，董事长就打断他的话。董事长说："约翰，这里只有我们，没有他们。"这时，克鲁斯想起了上次的经历，立即意识到自己犯了什么错误，他马上对董事长承认："我错了。"

这件事情给约翰很深的教训。在公司内部，在客户面前，不要说"你们"，要说"我们"。

作为中层领导和下属讲话时，一定要使用"我们"而不要说"你们"，虽然只是一字之差，效果却迥然不同。

菲利普在日航公司工作时曾到东京受训，有一次，他经过附近的一个超市，买了一盒杏仁豆腐，他回去一吃，杏仁豆腐变质了。

第二天，当菲利普经过这家超市时，进去跟售货小姐说："我昨天买的杏仁豆腐是坏的。"

"坏的？有没有带来？"那个小姐问。

菲利普说："那又不值什么钱，我把它扔了。没关系，不要误会；我不是来要钱的。"

"不不不，这是大事，您等一下。"售货小姐说完，就马上跑到楼上。没多久，她又跑了下来。后面还跟着一个男士，手里拎着一个袋子，这位男士走到菲利普面前说："先生，出了这样的事，我们真的很抱歉，这都是我们的错。这里有5盒杏仁豆腐，保证是新鲜的，您拿去吃，这是我们对您的赔偿。这是您昨天买杏仁豆腐的钱，我们退回给您。我们店里卖出这样的豆腐是我们的羞耻。我们已经打了电话，供应商下个礼拜要来开会，我们要研究一下为什么会发生这种事情。先生，如果下个礼拜您还经过这里，您有兴趣的话，可以来找我，我会告诉您我们哪里犯了错误。"

此后，菲利普经过那家超市时都会去买东西。因为他相信，自己这辈子在那里买的任何东西，他们都会负起责任。

这家超市杏仁豆腐出现变质的事情，他们并没有推脱说："这和我没关系""这个不是我经手的""这是供应商的错"等，而是积极去处理问题，使顾客感受到了他们的诚意，使问题得到了圆满的解决。

所以，要想得到下属的信赖和支持，中层领导在讲话时要常常强调"我们"的观念。如果在工作中出了什么问题，不要一味地推卸责任，要强调是"我们"的错，然后去检讨是哪里出了问题。这个"我们"的观念应该从你的职业生涯开始就建立起来，久而久之就会形成一种语言习惯，才会在言谈间激励下属，获得下属的拥戴，充分调动下属的积极性，你的部门就能真正团结成一个整体。

自我激励才是激励的最高境界

美国一家美容业集团公司的主管，发现他旗下的一个首席代表逐渐对工作失去了热忱，甚至对集团的销售会议也不参加。主管知道这对公司是极为不利的。他要重新唤起这位首席代表的工作热情。

于是，他致电给这位首席代表，问她是否可以在下一次集团销售会议上做重要发言。原因就是她曾在市场开拓和争取订货方面做得非常棒。主管建议她在会上谈谈对订货问题的看法，这方面的问题是集团目前最大的困难。

这位代表答应了主管的要求，在会上她主动展示了自己在订货方面的策略，探讨了过去她曾运用过的几个成功的原则和技巧。主管大为惊喜，其他经销商也受到极大的鼓舞。更重要的是，主管的肯定和经销商的认同使她受到激励，激发了对工作的兴趣、热情，业绩也随之不断上升。主管的巧妙做法，让这位首席代表成功地实现了自我激励。

中层领导要实现员工的自我激励，应从以下几方面入手：

1. 帮助员工了解自己工作的价值

不管是处于技术岗位、管理岗位还是行政后勤岗位，都有其独特的价值，中层领导应让员工充分了解自己岗位的价值，使员工意识到自己是在做有意义的工作。

其实很多岗位并不直接产生价值，想象一下，如果员工每天都努力地工作，结果却发现自己做的大部分工作都看不到价值，他们会是什么感觉？显然，他们对工作的满意度会直线下降，对制订工作计划的领导会感到失望。相反，如果鼓励员工从服务他人的角度去看待自己的工作，自己努力为他人工作增加价值的劳动也是被上司赏识的，他们就有可能从工作中获得满足感。员工充分了解了自己工作的价值，他们就更愿意高效完成工作，并能主动提出一些建设性、创新性的建议。

2. 赋予员工做事情的权力

研究认为，挖掘员工的内在动力，是自我激励实现的内在基础。要想实现这种激励，管理者不要试图将激励强加于员工身上，而是赋予他们做某事的责任和以他们自己的方式去做的权力，这样，他们会找到自我激励的方法。

"自我激励"是产生于以人为本的现代企业中的，是最有效的激励。对企业而言，是激励管理的最高境界；对员工个人来讲，使个人从消极被动的执行者转换为积极主动的进取者，是个人成长与发展的最佳状态。

当年，美国的 3M 公司，对于每一位员工给予充分的信任与尊重，在"不要妨碍他们的工作"宗旨下，为员工提供各种施展才能的机会，绝不轻易否定或扼杀员工提出的每一个有价值的创意，鼓励员工为研制新产品而冒险，允许失败。从 1956 年开始他们就制订了一项激励机制：公司的科技人员可以花费其 15% 的时间，在自己选定的领域内从事研究和发明。自从实施"15% 法则"以后，3M 公司的销售和盈利增加了 40 多倍。员工提出新产品的开发方案以后，公司便请他主持一个行动小组进行研究，薪酬、升迁机会与项目进展紧密相连。

危机激励，免遭淘汰

所谓危机激励，也即沙丁鱼效应。如果员工在企业里缺乏忧患意识，那么其工作积极性很可能不够高，一味追求稳定。因此，给员工引入一定的危机感能够激发员工努力工作，其本质是一种负激励形式上的竞争。

那么，如何给予员工危机感呢？作为领导的你可以通过"威胁"员工的地位、荣誉等来给予员工一定的危机感。当然，此处的"威胁"并不是指恐吓，而是指让员工感受到自己的地位、荣誉并不是永远不变的，如果不努力，很快就会被竞争者改变。

此处需要注意的是，危机感不能过度，适度的危机感可以激励员工积极努力工作，但是过度的危机感会导致全体员工整日忧心忡忡，无心工作，只怕是会时时想着寻求更加稳定的工作，从而导致企业难以留住人才。

古语云，"居安思危"，就是告诫人们对环境要时刻保持危机意识，并随时准备做出反应。所以，作为现代企业的一名成员，如果不树立危机意识，等待自己的将是被淘汰出局。

反观那些优秀的企业，他们总能在危机发生时应付自如，其关键之一就在于他们有很强的危机意识。华为总裁任正非说："华为总会有冬天。准备好棉衣，比不准备好。"原联想董事局主席柳传志认为："我们一直在设立一个机制，好让我们的经营者不打盹。你一打盹，对手的机会就来了。"海尔的董事局主席张瑞敏表示："永远战战兢兢，永远如履薄冰。"电脑巨头迈克·戴尔则说："我有的时候半夜会醒，一想起事情就害怕。但如果不这样的话，那么你很快就会被别人干掉。"微软创始人比尔·盖茨曾宣称："我们离破产永远只有18个月。"这些优秀的企业领导者都谙熟于一个道理：能够给企业带来巨大灾难的，并非源自重大决策的失误或策略的失败，而是源于企业内部一些不易察觉的潜在危机。正是这些藏在细微之处的潜在危机，在时间的积累下发生了质的变化，让企业逐步失去解决问题的能力，最终将导致许多规模与实力强大的企业在一夜之间宣告破产。

森林里，一只野猪卧在地上勤奋地磨牙，狐狸看到了，就对它说："天气这么好，大家在休息娱乐，你也加入到我们队伍中来吧！"野猪没有说话，继续磨牙，把它的牙齿磨得又尖又利。狐狸奇怪地问道："森林这么静，又没有任何危险，你何必那么用劲磨牙呢？"野猪停下来回答说："如果我不把牙齿磨得锋利，一旦遇到其他动物，就很难斗过它们，闲暇时还是多磨磨牙好。"

野猪磨牙的故事告诉我们，做事应该未雨绸缪，居安思危。这样在危险突然降临时，才不至于手忙脚乱。

昨天的辉煌，终将成为历史，只有将过去的成就转化为鞭挞自己不断前进的动力，才能确保你不会在以往成绩的温床上沉沦下去。

不论你是管理者还是普通员工，都应时刻准备着，将预防危机作为自己日常工作的重要组成部分。尤其作为企业的一名员工，更要时刻保持危机意识，切不可躺在过去的功劳簿上安逸享乐。因此，作为企业的中层领导，就要时刻给员工灌输危机意识：竞争无时无刻不在、危机无处不在。只有树立了这种意识，才能将自身的潜在危机消灭在萌芽之中。

鼓励员工犯"合理"的错误

IBM公司有一位高级负责人，由于在创新工作中出现严重失误，造成了1000万美元的巨额损失。为此，他心里非常紧张，许多人也向公司董事长提出应把他开除。但董事长却认为一时的失败是创新精神的"副产品"，如果能继续给他工作的机会，他的进取心和才智有可能超过未受过挫折的人，因为挫折对有进取心的人来说是最好的激励。

第二天，董事长把这位高级负责人叫到办公室，通知他调任同等重要的新职位。这位负责人非常惊讶："为什么没有把我开除或降职？"董事长却说："若是那样做，岂不是在你身上白花了1000万美元的学费？"后来，这位高级负责人以惊人的毅力和智慧为公司作出了卓越的贡献。

要创新，就有风险；有风险，就有失败。"胜败乃兵家常事""失败是成功之母"，道理人人都懂，但一旦真的遭遇到失败，这些用来安慰人的话就显得软弱无力了。而"失败即无能""成者王侯，败者寇"之类的话倒更具控制力。现实中，更多的人讳言失败，也不宽容失败。因此，从一定意义上说，员工不敢创新，不愿冒险，并不完全是因为害怕失败本身，而是害怕他人对失败的不公正评价。

一个人只要不是安于现状、照抄照搬，而是开拓创新、积极进取，失误和错误就不可避免地会发生，这是合理的，也是可以理解和允许的，因而应该得到管理者的支持和谅解。反之，一个人在相当时期内不犯合理的错误，正说明他安于现状，没犯什么错误，也没什么业绩，这比犯错误更可怕！因为企业最大的浪费不是拥有那些犯错误的、具有创新精神的员工，而是那些安于现状混日子的员工。

对中层领导来说，员工失败时你向他伸出的一只手，比他成功时你用双手拍出的掌声更容易让他感动。世界上有两种人最难忘，雪中送炭者和落井下石者，团队成员出了错你去扛，你就是那雪中送炭者。

那么，如何才能鼓励员工犯"合理"的错误呢？

第一，不以成败定终身。人非圣贤，孰能无过，错误是事实，但管理者给他下的结论如果是"他只会犯错误"或"他从来就没办过好事"，就不一定是事实。在员工激励中，以"一事之成败论英雄"为指导，去激励员工简直荒唐透顶，可以想象，"一败就弃之""有过就罚"，那么有创造才能的员工肯定会望而却步。

第二，学会推功揽过，勇担责任。员工出了问题，管理者首先应冷静检讨一下自己，如果完全是因为员工自己的疏忽，应与员工单独面谈，冷静地分析整件事情，告诉他错在什么地方，冷静处理每一件事，而你则永远是他们的后盾。员工犯错，你也有领导责任，最好不要把所有责任归罪于员工，最理想的做法是你要承担一部分责任，同时也要让员工认识到问题的严重性。员工信任你，在某种意义上，不是因为你的权力，而是因为你能够承担责任。员工出了问题你替他挡驾，会激励员工的创新能力和对你的信任，工作中会迸发出更大的创新激情，请记住团队的目标要每一个成员全力以赴才能达成。

由此可见，要想成为一名出色的中层领导者，不能只关注那些圆满完成任务的人，你更应该认真对待那些敢于创新，但出于其他无法克服的原因而未能完成任务的下属。让他们明白他们的心血没有白费，给他们找回自信的机会，为争取下一次的成功努力奋斗。

激励的5大误区

建立合理有效的激励机制，是组织管理的重要问题之一。虽然近年来国内企业越来越重视管理激励，并尝试着进行了激励机制改革，也取得了一定的成效。但在对激励的认识上还存在着一些误区。

1. 认为激励就是奖励

有很多人认为激励就是奖惩，甚至认为激励就是奖励，这是对激励的误解。实际上，激励是一个引导行为、筛选行为的过程。激励是引发动机、强化行为；是通过调整外因来调整内因，从而使被激励者的行为向提供激励者预期的方向发展的过程。

2. 激励措施的无差别化

许多中层领导实施激励措施时，并没有针对下属的特点和需要进行分析，只是"一刀切"地对所有的人采用同样的激励手段，结果适得其反！这没有认识到激励的基础是需要，同样的激励手段不可能满足所有的需要。

另外，中层领导要注重对核心员工的激励。在部门中，技术骨干、营销骨干等属于核心员工，他们有着高于一般员工的能力，所以对于这些人的激励要不同于一般的员工。加强对他们的激励，可以起到事半功倍的效果。对核心员工的激励更要使用长期激励的手段，如目标激励等方法。

所以，要想对员工实施有效的激励，首先是以对人的认识为基础的。从一般意义上说，凡是能够促进人们工作或调动人们工作积极性的因素，都可称为激励因素。通过对不同类型人的分析，找到他们的激励因素，并有针对性地进行激励，这样的激励措施才最有效。

3. 激励过程中缺乏沟通

很多中层领导往往重视命令的传达，而不注重反馈的过程。这样对下属的激励是没有好处的。缺乏必要的沟通，员工就处于一个封闭的环境中，不会有积极性的。

首先，对员工所做成绩进行肯定。所有的员工都希望能得到公司的赏识，但结果却往往令他们失望。很多员工总是抱怨，领导只有在自己出错的时候才会注意到他们的存在。

中层领导注意对员工的正面反馈是很重要的。感谢员工对企业的贡献，对员工进行肯定，拉近与员工的距离，这才是对员工的极大激励。

其次，透明管理。让下属了解公司的发展方向，了解公司的现实状态，是非常重要的。创造一种透明的环境，为员工提供相应的信息，可以极大地提高工作效率。

4. 盲目激励

有的领导看到其他同级的激励措施很奏效时，就马上效仿，"依葫芦画瓢"。合理的借鉴是必需的，但很多管理者只是照抄。我们知道，激励的有效性在于需要。只有立足本部门员工的需要，激励才会有积极意义。所以，要消除盲目激励的现象，必须对员工的需要做科学的调查分析，针对这些需要来制定本部门的激励措施。

5. 过度激励

有的中层领导认为激励的强度越大越好。其实，这也是一种错误的观点，凡事物极必反，激励也是这样。过度的激励会给员工造成过度的压力，当这个压力超过员工承受力的时候，结果是可想而知的。所以说，适当的激励才会更有积极意义。

第五章

打造超级沟通力

沟通能力是一个中层领导所必备的能力，是驾驭好下属的一个核心技能。卡耐基曾说过："成功85%取决于沟通能力，15%取决于专业知识。"由此可见，在企业日常管理活动中，拥有良好的沟通能力是多么重要。

影响沟通的6大障碍

尽管沟通是管理者必须具备的一项技能，而且是最基本的职业技能之一，可是为什么沟通往往成为中层领导在工作中最薄弱的环节之一呢？这主要是下面的这些障碍阻挡了中层领导与他人之间的沟通，从而阻挡了成功之路。

1. 个性心理因素

个性心理因素是影响沟通的一个非常重要的原因。领导者与下属间的气质、态度、情绪、见解等的不同，都会阻碍双方的沟通。

2. 对信息的态度

对信息的态度可分为两类。其一是认知差异，领导者与下属之间的学识不同，对信息的看法和观点也就不同；另外，也有不少员工甚至领导者不重视信息作用，这都为正常的信息沟通造成了很大的障碍。其二是利益观念。在组织中，领导者与下属对信息会有不同的看法，所选择的侧重点也不相同。很多下属只关心与他们的物质利益有关的信息，而不关心组织目标、管理决策等方面的信息，这也成了信息沟通的障碍。

3. 知识、经验水平的不同

一般说来，下属和领导者之间的经验水平和知识水平差距越大，沟通障碍也就越大，而领导者在组织中却常常处于知识、经验的优势地位，因此，在这种情况下，领导者与下属的沟通往往就很不畅，这就要求领导者具备正确的沟通心理。

除此之外，个人经验的差异也会导致沟通障碍。一个经验丰富的人往往会对信息沟通做通盘考虑，谨慎细心；而一个刚出道的人往往会不知所措。原因是信息沟通的双方往往依据经验上的大体理解去处理信息，使彼此理解的差距拉大，形成沟通的障碍。

4. 信任危机引发的障碍

身为中层领导，在和员工进行沟通时切不可带着成见听取对方的意见，而是应鼓励下属充分阐明自己的见解，这样才能做到思想与感情上的真正统一，才能使向上反映的情况得到重视，向下传达的决策迅速实施，从而实现有效沟通。

5. 个人心理品质不同出现的障碍

中层领导能否和上级以及员工之间全面有效地合作，决定沟通的顺畅与否。但在现实工作中，这些合作往往会因下属的恐惧心理以及沟通双方的个人心理品质差异而出现障碍。首先，如果领导者过于严厉，员工则感到领导难以接近，或者领导者不懂得人情世故，不会体恤下情，就会造成员工的恐惧心理，影响信息沟通的正常进行。其次，一些不良的心理品质也是造成沟通障碍的因素，比如猜疑固执、嫉妒等。

6. 知觉选择偏差所造成的障碍

沟通中，人们往往会过滤掉一些知觉信息，比如，对那些符合自己需要的、与自己有关的信息，很容易听进去；而对自己不利的信息则不容易听进去。凡此种种，都会导致信息歪曲、无效，最终影响沟通的顺利进行。知觉的这种选择性所造成的障碍不仅有客观方面的因素，还有主观方面的因素。客观因素比如说组成信息内容的重要程度、对信息接受者的价值大小等，都会致使一部分信息容易引人注意而为人接受，另一部分则被屏蔽掉。

有效的沟通从倾听开始

原阿里巴巴董事局主席兼 CEO 马云曾在公司内网发帖与新员工交流。他认为：民主自由不是表达，而是倾听。在马云看来，倾听过程也是辨析的过程。中层领导要善于通过倾听，引导下属区分认识中混淆的部分，使其对事实真相的认识更加清晰。很多具体问题，下属只要倾诉出来，问题就解决了一大半。因此，不要随便打断下属的汇报，也不要急于下结论，以免变成"瞎指挥"。下属来找你商量工作，你的职责应该是协助下属发现他的问题，提供信息和情绪上的支持，并避免说出类似"你一向都做得不错，不要搞砸了"的话。

李嘉诚缔造了从白手起家到香港地区首富的神话，他独到的经营眼光和决策上的当机立断固然起了作用，但他重视和员工的沟通无疑也是一个非常大的原因。李嘉诚认为管理关键在于人性化，只有和员工进行有效的沟通，互相之间深层次的了解之后，组织才能够更有效地发挥作用。

李嘉诚非常善于同员工进行沟通。在他看来，在团队中，要和别人有效地沟通必须先懂得倾听。他经常重复一个古老的哲学问题："森林中有一棵树倒了，没有人听到，那么能说它没发出声响吗？"李嘉诚借此反问道："在一个团队里，如果你说话的时候没人听，那么能说你和别人沟通了吗？"

曾经做过李嘉诚秘书的洪小莲曾回忆说："如果我的老板不是李先生，就没有今天的我。"

那时的洪小莲，做了很久，还是个不受重视的秘书，觉得乏味，就在午饭时间看报纸上的娱乐八卦消息。有一次李嘉诚刚好看到，于是跟她聊了起来："看这些东西，没什么好处的。"她就随便应付了几句，心想："关你什么事。我是在浪费自己的时间。"此后，李嘉诚一有空就跟洪小莲聊天，交换对一些事情的看法。李嘉诚还鼓励她应该利用空余时间多学习，不断提升自己。慢慢地，洪小莲转变了一开始的抵触心理，觉得李嘉诚的话很有道理，于是开始利用业余时间学习。在她成为李嘉诚的得力助手之后，想到当初的自己，她也鼓励下属进修学习。

李嘉诚认为，有效的沟通可以让领导与下属团结一致，给企业创造出竞争优势和营业绩效。反之，沟通不善的组织，内部信息往往很混乱，员工缺乏士气，组织的整体面貌和绩效都会受到影响。优秀的管理者应该善于创造合作、信任的工作氛围，经常与员工沟通和分享信息，以此增强组织的凝聚力，达到吸引并留住杰出员工的目的。

命令是单向的，是上级对下级的，而沟通是双向的。很多中层领导都想把员工凝聚在自己周围，但平日里仍然习惯于发号施令，缺乏与员工的沟通。所以如果没有一套沟通系统，是无法把员工的心与企业的目标联结在一起的。因此善于和员工沟通是中层领导的必备品质之一。

微笑是最好的沟通语言

微笑，是唇角勾起的30度完美弧线；微笑是发自心底的欣赏与赞许；微笑是解冻心灵的火种与开启沟通之门的金钥匙。

零售巨头沃尔玛一直要求自己的员工面带微笑，甚至硬性规定微笑必须露出8颗牙齿，因为这样的微笑让人感觉更加和蔼、友善，使人乐于与你沟通。在竞争日益激烈的当今社会，沃尔玛一直处于如此优胜的地位，它的成功，必然与这些细节有关。

从社会心理学的观点看来，尊重的需要是人们高层次的需要，而微笑则可以在一定程度上满足人们尊重的需要。

美国希尔顿酒店总董事长几十年来每天都要找几个各级各类人员谈话，常常问他们："你今天对旅客微笑了没有？"他说："如果旅馆里只有第一流的设备，而没有第一流服务员的微笑，好比花园失去了春天的太阳。"可见，微笑对于赢得顾客的重要性。

作为中层领导也是如此，要想获得下属的信赖与好评，也要经常用微笑与下属交流。在领导工作中，微笑是一种艺术，具有许多特殊的功能。

1. 微笑代表了胸怀宽广

2016 年 5 月，马云接替柳传志成为中国企业家俱乐部新一届主席，交班时，柳传志评价：跟方方面面打交道时，马云脸上的笑容是永恒的。笑对一切，似乎是马云与生俱来的性格。在清华大学的一次演讲中，马云说："这世上最有力量的武器是微笑，微笑可以化解所有的问题。"

微笑代表了一个人的胸怀，如果脸上没有了微笑，你就无法面对管理中的多种矛盾，比如上司的不支持、下属不合作、同级的故意为难。如果遇到这种情况，智慧的中层领导除了有针对性地做好工作外，微笑也是一种武器，在各种阻碍面前，他们始终都面带微笑，保持着镇静的气质和自制的能力，让矛盾消弭于无形。当下级抱怨、发牢骚时，你的微笑会成为他们不满情绪的销蚀剂。

2. 微笑是平等待人的表现

尊重人是多方面的，可以通过多种多样的方式表现，而亲切的微笑则是对人尊重的最佳体现。很多中层领导在自己的上司面前很谦恭，但在下属面前则易于摆出一副傲慢的姿态，这就在人们面前树立了一个对上阿谀、对下骄横的形象。所以，要想成为受欢迎的中层就要学会对你的下属微笑，平等对待你的下属。

3. 微笑可以增强下属的信心

微笑往往具有很强的感染力。很难想象，一个整日愁眉苦脸的领导，他能带给下属多大的自信。中层领导是企业的管理者也是执行者，所以你传输给下属的必须是正能量，你的脸上展露出的乐观表情，无疑能使下属精神振作。中层领导也要用微笑来面对困难、鼓励下属。

4. 微笑是重要的赞扬方式

美国著名心理学家威廉·詹姆斯曾说过："人性中最本质的愿望，就是希望得到赞赏。"每个人都有自尊心和荣誉感，都渴望得到别人的肯定和赞扬。每位下属无不期望上司对其工作给予赞许,这是人的一种正常的心理需要。上司在听取下级汇报或同下级谈话时,倘若总板着面孔,必将给他们带来无形的压力;如绽开笑脸,下属立刻会感到轻松。上司赞许的笑脸,往往是对下属的重要支持和赞扬。

5. 微笑能消除下属的紧张情绪

下属每次与上司见面,老远就观察领导脸上的阴晴雨雪,如果领导满面春风、笑容可掬,那下属的心情就特别轻松,办起事来就信心百倍、干劲十足;倘若领导脸色阴沉,下属就会忐忑不安,唯恐自己犯了什么错误。有些中层领导,从来不考虑下属的感受,错误地以为脸越黑、声音越高,威信也越高,只要发现下属一点不对的地方,就厉色训斥,这样久而久之,势必造成上司和下属之间的对抗情绪。相反,如果领导与下属交流总是满面春风、热情微笑,给人以善良、友好、温暖、安全之感,那效果就大不相同。

幽默在沟通中的作用

美国著名心理学家吉尔福特通过研究发现,具有较高创造力的人往往独立性高、求知欲强、好奇心重、知识面广,以及富有幽默感。而对于中层领导者来说,幽默感是亲和力的直接表现,也是与下属沟通的润滑剂。

所谓幽默沟通,就是指领导能够通过轻松风趣的方式来化解尴尬、窘迫的局面。在现今社会,做好领导工作就必须做好沟通工作,而幽默中所体现的智慧往往使沟通更顺畅有效,使下属在幽默中得到启示,使持有反对意见的人在谈笑中被说服。

美国前总统林肯一向豁达大度,才华出众,但其相貌确实不敢恭维。有一次,林肯听到一位参议员称他为“两面派”,便笑着应答道:“你这话我要让众人来评判评判。如果我还有另外一副面孔的话,岂不很好吗?你想想看,我为什么还装出现在这副难看的面孔来呢?”

如果不懂得幽默的人遇到此种事情,也许很难摆脱尴尬的境地,无法为自己挽回面子。而林肯却巧妙地用幽默把一个尴尬的问题变得轻松活泼起来。可见幽默在沟通中的重要性。

在“第三届世界浙商大会”上,马云讲道:“我个人觉得战略是不能复制的,任何能被复制的东西都是复制品,真正不能被复制的都是艺术品,就像我脸长成这个样子,那叫作艺术品,对吧?”说到这里,台下的观众都禁不住笑了，大家都不约而同地为他精彩的幽默而鼓掌。

用幽默去调侃自己的缺陷和不足，缺陷和不足就会显得不足为道，他人也会愉快地接纳你。有时候，像马云这样适时地幽默一把反而能让别人感受到一种无间的距离，这看似是自降身份，但其实是传递着一种真诚、亲切的互动信息，让沟通的氛围更显诙谐有趣。

可见，幽默的语言可以将人们内心的紧张和重压释放出来，化作轻松的一笑。在沟通中，幽默如同润滑剂，可有效地降低人与人之间的"摩擦系数"，化解冲突和矛盾，使人们从容地摆脱沟通中可能遇到的困境。同时，在社交场合中，谈吐幽默的人极易迅速打开交际局面。所以，身为中层领导，与上级、同级、下级交流时要尽量使用幽默的语言，这不仅有利于你与他们的沟通交流，还能助你成为一个受欢迎的中层领导。

与上司建立有效沟通的 4 个方法

相信大家都看过《三国演义》，其中有一节曹操怒斩杨修的片段，很能说明和上司沟通的方法很重要。

操屯兵日久，欲要进兵，又被马超拒守；欲收兵回，又恐被蜀兵耻笑，心中犹豫不决。适庖官进鸡汤。操见碗中有鸡肋，因而有感于怀。正沉吟间，夏侯惇入帐，禀请夜间口号。操随口曰："鸡肋！鸡肋！"惇传令众官，都称"鸡肋"。行军主簿杨修，见传"鸡肋"二字，便叫随行军士，各收拾行装，准备归程。有人报知夏侯惇。惇大惊，遂请杨修至帐中问曰："公何收拾行装？"修曰："以今夜号令，便知魏王不日将退兵归也。鸡肋者，食之无肉，弃之有味。今进不能胜，退恐人笑，在此无益，不如早归。来日魏王必班师矣。故先收拾行装，免得临行慌乱。"夏侯惇曰："公真知魏王肺腑也！"遂亦收拾行装。于是寨中诸将，无不准备归计。当夜曹操心乱，不能稳睡，遂手提钢斧，绕寨私行。只见夏侯惇寨内军士，正准备行装。操大惊，急回帐召惇问其故。惇曰："主簿杨德祖先知大王欲归之意。"操唤杨修问之，修以鸡肋之意对。操大怒曰："汝怎敢造言，乱我军心！"喝刀斧手推出斩之，将首级悬挂于辕门外。

此处，我们姑且抛开杨修恃才放旷，屡犯曹操之所忌、曹操妒才等因素不谈，就本事例而言，曹操只是犹豫不决，遂以"鸡肋"为号，但未下令退兵，但杨修自以为洞察其真实意图，自作主张，视领导权威于不顾，是其罪名一也；大军初败，军心、士气为重，杨修扰乱军心，是其罪名二也。由此看来，下属切忌以自己的看法替代上司的指令，自作聪明只会反被聪明误。

和上司沟通的目的，就是为了从上司那里获得更多的信息资源，倘若对上司了解不透，就不能顺畅地沟通。

1. 要了解上司的个性

你的上司也是一个普通的人，他有他的性格爱好，也有他的习惯，对于这些情况下属一定要有所了解。如有的人性格爽快、干脆，有的人则沉默寡言，事事多加思考，你必须适应这一点。根据上司的特点，采取一些相应的方式，不要认为这是"迎合"或是"拍马屁"，其实，这正是运用了心理学技巧。

2. 要注意上司的情绪变化

通常上司的面部表情会反映他的内心变化，在与上司交谈的过程中要注意察言观色，如果上司的心情看起来不错，你的谈话就可以轻松些，随意一点；如果发现上司的脸上阴云密布，你的讲话就要十分小心了，否则，会无缘无故地挨批，或者给上司留下不良印象。

3. 向上司反映情况要属实

要正确报告事实的真相，这是相当关键的。这不仅有利于领导做出正确的决断，也直接影响到领导本人的威信。有许多部门上下级之间发生纠纷，就是因为某些人向领导报告失实而造成的。

美国广告大王布鲁贝克在谈起他年轻时的一件事时说，一次他所在公司的经理问他，印刷厂把纸送来没有？他回答送过来了，共有5000令。经理问："你数了吗？"他说："没有，是看到单子上这样写的。"经理冷冷地说："你不能在此工作了，本公司不能要一个不能替自己反映情况的人。"

对于自己没有把握的事情不要说，自己没有做的事情，不能说做得很圆满，这是领导非常忌讳的。

4. 在上司面前要不卑不亢

下属对上司应当表示尊重，要做到礼貌、谦逊，这是一个人人懂得的规则。因为你的上司之所以能成为上司总是会有他的过人之处，或者才华出众，或是经验丰富，所以，作为下属尊重上司是理所当然的事。但是，对上司的尊重也要掌握适度原则，绝不要采取低三下四、失去自尊的态度。绝大多数有见识的领导，对那种一味奉承、随声附和的下属，是不会予以重视的。在保持独立人格的前提下，你应采取不卑不亢的态度。在必要的场合，你也不必害怕表达自己的不同观点，只要你从工作出发，摆事实，讲道理，明智的上司是会予以考虑的。

只要你掌握了以上方法，和上司建立有效沟通并不是难事，"天下无难事，只怕有心人"，只要你肯努力，就会有成效的。

给上司提建议要讲究方式

作为中层领导，给上司提出建议和意见，是其职责之一，但有些中层在表达自己的看法或者建议的时候，常常因为在语言表述上的失当，让上司对自己颇有微词，从而致使自己的一些看法或建议不容易被上司认可，更严重的，还有可能使上司对自己产生一些偏见，使自己在单位中的处境变得不乐观起来。反观那些聪明的中层领导，他们的做法就非常高明了。

赵成是一家软件开发公司的总经理助理。他的顶头上司张总是搞技术出身的，由于公司工作重点长期落在研究开发领域，因此，张总一直钟情于技术开发，而忽视了管理。在具体管理工作中，张总直接插手技术部门的事，把管理的层级体系搞得一团糟，大家碍于领导权威敢怒不敢言，但私下里却满腔怨气，这让赵成与其他部门的沟通协调非常不畅。

赵成作为公司的中层，他将这种局面看在眼里急在心中，经过一番思考后，赵成决定采用"兼并"策略，向张总建言倡行。

赵成对张总说，真正意义上的领导权威包含着技术权威和管理权威两个层面，张总的技术权威牢不可破，而管理权威则有些薄弱，亟待加强。张总听后，若有所思。

赵成巧妙地"兼并"了张总的立场，结果获得了成功。后来，张总果然越来越多地把时间用在人事、营销、财务的管理上，企业的不稳定因素得到控制，公司运营进入了高速发展状态，赵成的各项工作也开展得顺风顺水。

由此可见，"兼并"上司的立场，的确不失为向上司提意见的上等策略。首先，它没有排斥上司的观点，而是站在上司的立场上，是为了维护上司的权威，出发点是善意的；其次，这种策略是一种温和的方式，能够充分照顾上司的自尊，易于被上司接受，效率较高；另外，不断提出有效率的"兼并"上司立场的意见，久而久之，自己个人的领导能力亦会迎风而长，甚至来一个飞速提升。

你在跟上司说话的时候，不可以像跟邻居闲聊时那样随意。跟任何一个上司聊天，你都要时刻保持警惕、机智应答，记住三思而后行。那么，身为中层的你该如何去做，才不让上司心生反感呢？

1. 给上司提意见要适时

提建议一定要考虑到上司的情绪。请记住上司也是个普通人，当公务缠身、诸事繁杂时，他未必有很好的耐心随时倾听你的建议——尽管它们极具建设性。

2. 给上司提意见要把握好"度"

给上司提意见要掌握适度原则，注意说话的语言艺术，掌握分寸。进言时，语言要简练、得当、适可而止；语气要诚恳、和善、含蓄、婉转，特别是在公开场合和众人面前，要处处为上司着想，顾及上司的面子，处处维护上司的形象。作为下属，最忌讳的是给上司提意见语无节制，滔滔不绝，逞强好胜，使你的上司在众人面前威信尽失。

3. 给上司提的意见要适用

作为下属给上司提建议的目的是为了解决实际问题，提高工作效率。因此提建议时，一定要考虑建议的正确性和实用性，即建议的内容必须客观可靠，符合实情，行之有效。如果你的意见根本不具有可操作性，没有任何意义，只会使上司怀疑你的能力和工作态度。

4. 给上司提意见要选择适当场合

作为中层领导给上司提意见最好采用正式场合谈，以非工作角色谈，这样一般不会有损上司的尊严，上司也会理性地看待你提出的问题。如果提意见的场合不当，则很容易触动上级维护尊严的本能，或引起抵触情绪，产生反感心理，这样往往对维护与领导的关系和工作的开展带来非常不利的影响。

5. 向上司同时提出多个方案

给上司提供选择方案时，最好一次多提几个可行性方案，使上司有选择的余地，同时也体现你的思路广阔，对工作尽心尽力。提出的方案要尽量将新情况、新问题指出来，讲求实事求是，从实际出发的原则，将每种方案的优缺点一一陈述，以供上司决策。

对待上司批评的基本方法

作为中层人员，工作中出现差错而被上级领导批评是经常发生的事情。心理素质好的人，能够很快通过提高思想认识、振作精神，进行积极的自我调适，重新开始起步，以努力工作来弥补过失。但是一些性格内向、自尊心过强、敏感多疑、对挫折耐受力低的人，会把问题看得过于严重，担心别人会看不起自己，领导今后也会用"有色眼镜"看待自己，从此一蹶不振。

小娟是销售部的财务主管，在一次账务处理上，由于一些数据的不确定性导致账面出现了一点失误，从那时起财务总监便对她失去了应有的信任，时常以怀疑和挑剔的眼光看待她所做的每一件事。尽管之后小娟没有再犯任何错误，但她心里却始终如同压了一块永远搬不开的石头。一天，财务总监因为一件小事又批评了她，小娟顿时感到无比痛苦和无奈，当时她就想和财务总监大吵一架，然后一走了之，可是为了将来的发展小娟还是忍住了。但令小娟困惑的是，如果今后再遇到此类事她该怎么办呢？

身为中层领导，在繁杂的工作中，难免会出现一些错误受到上司的批评，这是非常正常的事。但是任何人都不喜欢被批评，即使上司批评对了，也有满腹委屈；批评错了，更是怒火万丈。那么，应该如何面对上司的批评呢？一个明智的下属，应该摆正心态，从以下几方面分析对待上司的批评：

1. 不要在意上司的批评方式

每个人的性情不同，批评别人的方式也就不同。所以，对待上司的批评要摆正心态，应当认识到，只要上级的出发点是为了工作、为了大局、为了避免不良影响，哪怕是上司的态度生硬一些，言辞过激一些，方式欠妥一些，作为下属也要适当给予理解和体谅。因为毕竟上司的出发点是为了公司，为了大局考虑，我们也应该放宽胸怀、坦坦荡荡地接受，一切应以大局为重。

2. 站在上司的角度考虑问题

换位思考是接受批评的一剂良药。当受到上司的批评时，不妨换个角度，假如你是上司，会怎样对待犯了这种错误的下属？你能够视而不见，没有原则、没有纪律、任其放任自流吗？当你站在上司的位置想一下，也许就会正视自己的错误了。当受到领导的批评时，如果只是从自己的角度考虑问题，常常会感情用事，陷入狭隘、偏执、片面的泥潭难以自拔。实际上，对于许多问题的思考，适时转换思维角度，你就会有豁然开朗的感觉，从而会从容面对一切。

3. 站在公司的角度考虑问题

领导之所以为领导，就是他是从大局考虑来处理事情的，因此，他对你的批评是对事不对人。作为下属应当具有这种起码的组织观念，被批评时不应有"领导故意找自己的碴，跟自己过不去"的想法。这种想法不但于改正错误无益，还会形成抵触情绪，影响与上司的关系。

英国学者利斯特曾说过："我能想象到的人的最高尚行为，除了传播真理外，就是公开放弃错误。"是的，错误并不可怕，批评也不可怕，关键在于你怎样去认识和对待它们。从错误中吸取教训，从批评中汲取营养。这样，你就会逐步走向成熟，走向成功。

要及时消除上司的误会

　　与上司相处，难免会发生误会，所以，及时消除与上司之间的误会是很有必要的，作为中层的你要主动伸出"橄榄枝"。如果是你错了，你就要有认错的勇气，找出造成自己与上司分歧的症结，向上司做解释，表明自己以后会以此为鉴，希望继续得到上司的关心。假如是上司的原因，在较为轻松的时候，以委婉的方式，把自己的想法与对方沟通一下，你也可因自己的一时冲动或是方式欠周到等原因，无伤大雅地请求上司宽宏大量，这样既可达到相互沟通的目的，又可以给上司提供一个体面的台阶下，有益于恢复你与上司之间的良好关系。

　　张娟原本是某电子公司生产线上的普通员工。两年前，厂宣传部新调来的赵部长见她在写作上有天赋，便顶着压力将她调进了宣传部做宣传专员。从此，张娟对赵部长的知遇之恩始终铭记在心。时隔不久，张娟又被晋升厂办李主任的办公室秘书，聪慧能干的她很快得到了李主任的认可和喜欢。

　　可好景不长，张娟敏感地意识到老上司赵部长和她渐渐生分了。多方打听，才知道李主任和赵部长之间积怨已深，因而赵部长总是怀疑张娟倒向了李主任那边。

　　张娟决定改变这种不利局面，经过多方努力，最终消除了赵部长对她的误解。

　　第一，极力缓和矛盾。在遇到同事提起赵部长和自己关系不好时，张娟总是极力否认，她要让更多的同事知道她和赵部长之间没有矛盾。她的目的就是要控制事态继续扩大，这样有利于缓和矛盾，而不至于出现无法收拾的局面。

　　第二，公开场合表明"立场"。和赵部长碰面时，张娟总是满面春风，主动和赵部长打招呼，即使赵部长爱答不理，也总是保持足够的热情。有时她还主动创造一些机会和赵部长谈话，比如饭局上她每次都会主动给赵部长敬酒，还不止一次地公开说自己是赵部长一手提拔起来的，自己十分感激赵部长。张娟此举的目的是表明自己时刻没有忘记赵部长的提携之恩，绝对不是那种知恩不报的人。

　　第三，背地里褒扬领导。我们都知道当面夸人不如背地褒扬，借第三方的口来传达对某人的褒扬。张娟经常在背地里说赵部长的好，即使是某些同事说赵部长的缺点和坏话，张娟也会极力为赵部长辩白。自然，人们传得多了，赵部长也就知道了。

　　第四，紧急情况时舍身相救。工作中，张娟总是在留意宣传部的工作安排，但凡是赵部长有事，张娟总是会在第一时间挺身而出，前往"救驾"。有一次适逢厂总部高层突然巡视下属单位，厂办通知下属单位张贴标语，时间非常紧急，这令负责宣传的赵部长不知所措，张娟知道后不仅及时赶到，而且还连夜帮赵部长完成了任务。自这件事以后，赵部长对张娟的态度也有所改变。

第五，找准机会解释前嫌。在做足工作后，张娟便瞅准时机，利用与赵部长一同出差的机会，与赵部长进行了推心置腹的交流。最终，赵部长被张娟的诚心打动，并说出了对张娟的看法以及误解张娟的原因，经过再三解释，赵部长当场表示不计前嫌，要和张娟和好如初。

第六，经常加强感情交流。要想彻底消除一个人对你的误解并非一朝一夕能完成的。因此，在取得赵部长的谅解后，张娟还经常找理由与赵部长进行感情交流，比如向赵部长讨教写作经验，到赵部长家串门聊天，等等。久而久之，赵部长更加喜欢这个昔日部下了。张娟此举的目的是通过经常性的感情交流增进与老领导之间的友谊，让误解彻底消失。

总之，领导误解了下属，有其主观上的原因，更有客观上沟通不足的原因。领导处于中枢的位置，事务繁重，责任重大，他可能通过各种渠道，如他人的汇报、一时的印象、特殊的考验而对你有所了解，但一般而言，他不会主动去找自己的下属进行沟通。这样，他便缺乏对你全面、直接和感性的认识，容易受他人意见的蒙蔽、本人直觉的左右和主观判断的影响，从而对你的言行产生认识误差。所以，作为中层的你，对待领导误解最明智的态度就是及时、主动地去消除它，不让它成为定形之见，否则好的机会便会与你擦肩而过。

与下属有效沟通的 6 个技巧

中层领导属于公司的执行层面，为了把上司安排的任务执行到位，和下属沟通就是中层领导的头等大事了，如果沟通不到位，下属的积极性就会大打折扣。

有个很有名的厨师，他的拿手好菜是烤鸭，深受顾客喜爱。可是他的老板从来不给厨师任何鼓励，这使得厨师整天闷闷不乐。

有一次，老板有贵客来访，在家里设宴招待贵宾，招呼厨师露一手。酒席上，当老板夹了一条鸭腿给客人时，却找不到另一条腿，他便问厨师："另一条鸭腿哪里去了？"

厨师说："老板，我们家里养的鸭子都只有一条腿！"老板感到很诧异。

饭后，老板就跟着厨师到鸭笼去看个究竟。时值夜晚，鸭子正在睡觉，每只鸭子都只露出一条腿。

厨师指着鸭子说："老板，你看我们家的鸭子不都是一条腿吗？"

老板便举手拍掌，吵醒了鸭子，鸭子被惊醒后，都站了起来。

老板说："鸭子不全是两条腿吗？"

厨师说："对！对！不过，只有鼓掌时，鸭子才有两条腿呀。"

作为中层领导，可能已经习惯了在下属面前惜言如金。只有他们犯了错误才指出并责令其改正，而对好的行为却闭口不谈，这对他们是不公平的。中层领导的职责不仅仅是唱好"白脸"——纠正员工错误的行为，而且还要唱好"红脸"——发现员工好的行为及时给予表扬。只有两者兼顾，才能取得最佳效果。那么，中层领导该如何与下属沟通呢？

1. 要坚持人人平等原则

领导做下属的思想工作，不论是一般的交流、谈心，还是了解有关情况，或是有针对性地说服、批评、帮助，首先要放下架子，即相互之间虽有职位高低、权力大小之分，但在人格上是平等的，不要居高临下，要以平等的方式相待。如果动不动就以"是你说了算还是我说了算"这类口气说话，势必会使员工产生戒备和反感。

2. 对待下属要真心诚意

每个人都渴望能引起别人的注意，特别是得到领导的关心和理解。因此，作为中层领导应注意经常观察每个下属的言行举止、情绪和工作方面的变化或波动，并分析产生这些情况的原因。正确地引导下属，并设身处地为他想办法，就会使其备感温暖，从而并放下思想包袱，积极投入工作。

3. 充分肯定下属的优点

如上文的厨师，如果老板始终不对其给予肯定和赞扬，那他的积极性就会降低，久而久之就会对公司产生负面影响。因此，中层领导在日常工作中要善于发现和肯定员工的优点和进步，在表扬的激励下，他们会把事情做得更好。所以，要善于发现员工的"闪光点"，并及时在适当的场合给予表扬和鼓励很重要。

韩国某大型公司的一个清洁工，本来是一个最易被人忽视、最易被人看不起的角色。但就是这样一个人，却在一天晚上与偷窃公司保险箱的小偷进行了殊死搏斗。事后，有人为他请功并问他的动机时，答案却出人意料。他说当公司的总经理从他身旁经过时，总会不时地赞美他"你扫的地真干净"。

可见，上司无意间的赞美会使员工激发出很大的能量。

4. 学会和下属换位思考

通过换位思考，可以让中层领导了解下属的心理需求，感受到下属的情绪，将沟通进行到底；通过换位思考，可以让中层领导揣摩到下属的心理，达到说服下属的目的。所以，中层领导要适当地运用一下换位思考的沟通方法，也许会让你取得意想不到的效果。

5. 注意保全下属的面子

有时人们尽管知道是自己错了，但是在众人面前为了维护自己的面子和自尊心，还是会强词夺理，力图挽回面子。作为中层领导要了解下属的这一心理，当下属犯了错误后，不要不顾场合就对下属劈头盖脸一顿批评，这样会打击下属的工作积极性。批评下属尽量要在私下的场合，即使是当众批评也只是点到为止，不指出下属的名字，这样保全对方的面子不但有利于工作的开展，而且还能保持上下级的友好关系。

6. 耐心消除下属的不满情绪

日常管理工作中，下属心中是有很多不满情绪的，要想成功地安抚好下属，最好的办法就是耐心地与下属沟通、摆事实、讲道理，消除下属的不满情绪。首先要理解下属的苦恼，与下属建立起"感情同盟"，拉近彼此距离；然后在聊天过程中，倾诉自己的"痛苦"，通过举例说明、做比较，让下属知道上司每天要面对很多庞杂的事务、承受巨大的压力，而且这种压力比下属所承受的压力要大得多；等到最后下属明白了这个道理，也就能理解上司的良苦用心了，从而消除不满情绪，心甘情愿地投入到工作当中去。

总之，只要中层领导掌握了和下属沟通的技巧，那么获得下属的拥戴，提高工作效率将会不再是难题。

向下属委派工作要讲究方法

由于对工作和下属的情况不完全了解，许多中层领导者并不善于给下属委派工作，常常把工作分配给不适合的人去做，结果当然不会好。这样一来，不仅浪费了时间和金钱，而且打击了下属的积极性。那么，中层领导者怎样才能做到有效地委派工作呢？一般只要做到以下几点，委派工作就能顺利完成。

1. 选定适合本工作的下属

在委派工作前，要对下属进行全面的评价。要求每位工作人员诚实、坦率地说出他们喜欢做什么工作，还能做些什么新工作；还可以召开一个会议，让每个员工介绍自己的看法，并请其他人给予评论。如果某员工对另一员工有意见，在评价时表现出强烈的反对或提出尖锐的批评，你就要花些时间与他们私下谈谈，找到问题的根源。你要通过这些形式加深对员工的了解，给员工委派适合的工作。

2. 恰当选择委派工作的时间

委派工作的时间选择很重要，最好的时间在下午，你要把委派工作作为一天里的最后一件事来做。这样，有利于下属为明天的工作做准备，为如何完成明天的工作做具体安排。另外，还有一个好处，就是职员可以带着新任务回家，在休闲时间可以思考自己如何完成新任务，以便第二天一到办公室就能集中精力处理工作。

3. 要注意委派工作的方法

中层领导向下属委派工作的方法很多，面对面地委派工作是最好的一种。这样委派工作便于回答下属提出的问题，获得及时的信息反馈。只有对那些不重要的工作才可使用留言的形式进行委派。如果要使下属被新的工作所促进和激励，就要当众委派工作给他，使他有被信任的感觉。

4. 让下属知道此项工作的重要性

在向下属委派工作时，需要把此项工作的重要性和为什么选他完成此项工作的原因讲清楚，这样可以引起下属对此项工作的重视。向下属指出，他的特殊才能是适合完成此项工作的；还必须强调你对他的信任。同时，还要让下属知道他对完成工作任务所负的重要责任；让他知道完成工作任务对他目前和今后在组织中的地位会有何影响。

5. 规定一个完成工作的期限

委派工作时要让下属知道，要向下属讲清楚，完成工作的期限以及怎样定出来的。

6. 充分肯定下属的能力

如果你的下属完成的工作质量非常出色，而身为中层的你却从来不去关注，他们很快就会觉得实在没有必要如此卖力地工作，毕竟这项工作完成得一般还是出色与他们的关系并不是十分密切，于是，下属们的工作质量就会慢慢地下降。

更重要的是，你的下属们会认为是你将他们的工作成果全部据为己有，你成了一个"摘桃子"者。这时，你的下属心里会想：领导始终不提我们工作的出色，还怎么可能会向上司反映我们的成绩呢？你作为一个中层管理者，就有必要及时和充分地肯定下属们的能力。这是一种最好的激励方法，能使下属获得持久的工作动力。

第六章

善用人者能成事，
能成事者善用人

不管是高层领导还是中层领导，其领导艺术不管如何高明，其本质都落实在用人上。用对人，开展工作便得心应手；用错人，管理起来便处处掣肘。把人管顺了，士气高昂；把人管岔儿了，情绪低落。因此，用人之道、管人之法是中层领导必须谙熟于心的基本功。

用人不疑，疑人不用

"用人不疑，疑人不用"，这是管理中的重要原则。当管理者授权他人办事的时候，必须把足够的权力交付于人，否则将会事倍功半，枉费力气。美国管理学家艾德·布利斯也提出了："当你授权的时候，要把整个事情托给对方，同时交付足够的权力让他做必要的决定。"这就是"布利斯原则"。但在许多企业管理中，当领导授权了以后，并未完全信任被授权者，没有做到"用人不疑，疑人不用"。

战国初年，魏文侯派将军乐羊出兵讨伐中山国，正巧乐羊之子乐舒在中山国做官。两国交战，中山国利用乐羊之子，想迫使魏国退兵，乐羊置之不理；为争取民心，乐羊对中山国采取了围而不攻的策略。

消息传到魏国，一些官员纷纷向魏文侯告状，称乐羊之所以围而不攻，是为了保护儿子。魏文侯听了之后，并没有相信，当即决定做两件事：一是派人到前线慰问军队；二是为乐羊将军修建新的住宅。

被围困已久的中山国国君眼看已无破敌之计，便杀死了乐舒，将其煮成肉羹，送给乐羊。乐羊说："乐舒帮昏君做事，死如粪土。"随即下令攻城，中山国灭，国君自杀。

乐羊得胜回朝后，魏文侯命人拿来了两只箱子，让乐羊看。乐羊打开之后，发现全是揭发他围城不攻的奏章。乐羊什么都明白了，激动地对魏文侯说："没有大王的明察和气度，不但破不了中山国，我乐羊早成为刀下之鬼了。攻下中山国并非我的功劳，大王排除各种杂音，彻底相信我，所以这份功劳，应该算在大王您的头上啊。"

魏文侯高兴地对乐羊说："既然我派你去攻打中山国，我就必须支持你、相信你，不管怎么说，这次攻下中山国你的功劳无人能比。"随后，魏文侯重赏了乐羊。

此处我们且不谈乐羊的大义灭亲，但看魏文侯用人不疑的气魄。就足以让中层领导者们有所借鉴了。如果你对下属疑神疑鬼，不放权，被任用的下属的积极性和创造性就难以发挥。

在团队中，信任更是用人之本。当你决定授权给下属时，就要充分地亮出你的信任。

用人不疑是用人的一个重要原则。不用则罢，既用之则信任之。当然这个"不疑"是建立在自己择用人才之前的判定、考核基础上的。对于被授权者，只有上司大胆放手让其工作，才能使其产生强烈的责任感和自信心，从而焕发出积极性、主动性和创造性。所以，一旦决定某人担任某一方面的重任后，信任就会成为一种有力的激励手段，其作用的强大会超乎想象。

如果有问题，一定要坦诚地当面讲，不要在背后议论下属的短处，很多错误，就是由于误解没有消除而累积而成的。

所以，在用人的问题上，要做到用人而不疑，授权而有信。不要因下属的小节而生疑，更不能随意捕风捉影，无端地怀疑，使其精神状态、工作干劲一落千丈。你对下属生疑，下属必对你生怨，彼此生疑生怨，常是导致工作瘫痪的主要原因。

中国有句古话叫"士为知己者死"，你对下属充分信任，为其创造有利的环境、提供必要的支持，下属又怎会不以出色的工作业绩来回报你的信任之举呢。

"用人不疑"，这句话还有后一句，也需要领导者认真理会，那就是"疑人不用"。在决定用人时，要注意在细节上考察下属，道德品质上有疑点的人，能力上力不胜任的人，经过考察觉得不可信任的人，就一定不要用。一旦用了，可能会后患无穷。

对下属的"不疑"主要包括下面两个方面。

1. 相信下属的忠心

在一个团队里，员工的忠心是团队发展的基本要素。团体成员之间只有精诚团结、同心同德，才能拧成一股绳，把劲使到一处，完成共同的目标。作为中层领导，对待下属，更要以诚相待，切忌疑神疑鬼，要充分相信员工的忠心。

2. 相信下属的能力

对于即将分派的工作任务，在选人时要三思而后行，一旦确定人选，就不要轻易地更换。要充分相信下属的能力，认为他完全可以办好这件事。千万不可一方面让其担当某项重任；另一方面又因怀疑其能力而私下也委派他人。这是最伤害下属的做法，对人极大的不信任，肯定不会有好结果出现。

善于用人的领导，既能让自己从繁忙的事务中解脱出来，又能培养人才，让下属发挥其潜力和才能，同时密切自己与下属的关系。只有信任才能赢得下属的忠心，获得下属的尊敬和感激，才能带出有高度凝聚力和战斗力的团队。

如果一个中层领导害怕下属的表现过于优秀，超过自己，而迟迟不放权，甚至是压制打击有能力的下属，无疑，他是一个失败的团队领导者。

敢于用比自己能力强的人

马云接受央视第一财经《财富人生》节目组采访时曾经说过："永远相信下面的人比你强，我的工作就是一个水泥，我什么都不懂的，把这些人粘在一起，每个人发挥好。"马云的意思是，企业管理者要善于用比自己能力强的人，领导者的作用不是去和下属争能力高低，而是要像水泥一样把那些能力强的人紧紧地凝聚在一起。

有不少做中层领导的人，往往会错误地认为既然自己是领导了，那就应该在每一个方面都要比下属强。俗话说"金无足赤，人无完人"，任何人都不是完美的，也不可能在每个方面都很优秀。

因此，作为中层领导，在这一点上一定要放平心态，如果过于苛求自己所有方面都要好于下属的话，那就是在钻牛角尖了。

作为一名成功的中层领导，关键是要懂得如何去管理、去协调、去用权，要懂得去信任并借助下属的力量来达成团队目标，进而来提高自己的身价。

美国奥格尔维公司的总裁戴维·奥格尔维有个习惯：一有新的中层上任，他就会送给他们一件礼品——木娃娃。这件礼物与众不同，十分有趣。这是因为，在这个大的木娃娃里面还有一个小一号的玩具娃娃；再打开它，又发现里面还有一个更小的……就这样一层一层打开到最后，最里面的一个小娃娃里放着一张奥格尔维写的字条："如果管理者永远都只启用比自己水平低的人，那我们的公司将一步步沦为侏儒公司；如果我们都有胆量和气度任用比自己更强的人，那我们就能成为巨人公司。"

用比自己能力强的下属，短期来看，可能给中层领导带来压力和挑战，甚至会产生不舒服的感觉。但从长远来看，这样的下属很可能会帮你发现团队中存在的问题，并敢于提出问题和主动寻求解决问题的办法，从而确保团队保持强有力的竞争力。那么，中层领导该如何用好强于自己的"能人"呢？

现在流行的观点就是：把要事交给能人去做，领导者负责管理就可以。

日本东京电力公司总经理平岩知人善任，在公司遭遇逆境时可以扭亏为盈，走出困境，被人称为"善于突破逆境"的企业家。

20世纪70年代末，由于国际石油价格上扬，日本电力工业因此全面处于萧条状态，平岩此时担任了公司的总经理，经过全面调查研究，他做出重大决策，针对公司经营管理上存在的许多问题，开始了他的"平岩式"的经营。

他发现公司的决策机构中存在若干问题，管理者知识落后、办事效率低而且缺乏创新精神和竞争意识，所以他对公司人事进行了全面调整。

平岩改革了公司的权力机构，改变过去一人决策制的落后方式，实行重大事情集体决策。同时撤换了近一半的员工，大胆地起用了一大批年轻的管理人员和技术人员，还通过严格的考验，选拔了一大批懂经营管理的人担任各部门的领导。通过这一改革，东京电力公司焕发了生机。新组建的决策机构采取了有效的措施，使公司成本迅速降低。他们以满足客户需求为中心，不断提高企业自身素质，使企业的应变能力不断增强。平岩的改革获得巨大的成功，东京电力公司从此进入良好的经营状态中。

老话说得好：一流的经营者能善用他人的智慧，二流的经营者只会借用他人的力量，三流的经营者事必躬亲。企业要想做大，并非一朝一夕之功，需要持之以恒之势。其中人才的运用将起到关键的作用。都说"胸怀有多大，天地就有多大"，作为中层领导，只有学会认人、敢于用人，敢于用比自己更强的人，才会更有助于企业发展壮大。

韦尔奇的人才观

有经验的领导总是认为，企业真正的成本不是那些高薪的优秀人才，而是无所事事的庸才。

韦尔奇曾在通用电气担任了十几年的首席执行官，他认为发现合适的人才对企业才是最重要的。

他曾公开地说："我们的管理层一定要保持 A 级标准，有团队精神而且服从公司的价值观。我们还要坚决辞退 C 级领导人，开除那些无所事事的，不能融入我们通用电气的价值观中的管理者。还有那些 B 级领导人，我想让他们保持在现在的级别上，并继续进步。"

观众席上一片哗然，一个年轻人站起来，问道："请问韦尔奇先生，什么是 A、B、C 三级人呢？您区分的标准是什么？"

韦尔奇微笑着说道："这很简单，你们心中的 A、B、C 三级的标准是什么呢？"

观众席开始了热烈的讨论，众说纷纭，争执不下。

"其实你们说得都有道理。不过我给你们最大的建议是，不能单单做分类工作。当在你们的团队里有最聪明的人的时候，你们必须感到十分舒服。如果做到了，你们就入门了。"韦尔奇稍作停顿，继续说："我们是超一流的公司，我们只想要Ａ级员工，雇用最好的员工，用最好的薪酬回报他们，使他们不断进步，给他们提供更多的机会。如果雇不到最优秀的人才，或者是比你更聪明的人才，那就是在自欺欺人。在这同时，我们还必须有自信，因为在这种情况下，我们还得感到自在才可以。"

这时又有一个人起身问道："您的意思是不是我们不能使用Ｂ、Ｃ级人才呢？"

"你说得对，我们确实没必要浪费太多工夫把Ｃ级员工转变为Ｂ级员工，这样做是白费力气。Ｃ级员工是团队中的障碍，假如支持一个Ｃ级员工，那么企业中谁也成不了Ａ级员工。当裁掉Ｃ级员工后，走向更大成功的障碍便被解决了，有些Ｂ级员工也会成为新的Ｃ级，所以必须无情地不断重复这一过程。

"为了给予我们的员工他们想要的和应得的，我们必须工作得比以前更好。为了使企业变得更好，我们必须鼓起勇气去除那些不是最好的部分，大胆雇用顶尖的，甚至比你更好的员工。只有这样，我们通用公司才会比世界上任何一家公司都成长得更快、更好，我们才能在更多的领域获得更多的发展机会。所以，我们要好好重用那些Ａ级员工。"

企业管理中，留下最优秀的人才无疑会促进企业的飞速发展。择优用人也是管理者选拔人才的一项基本原则。只有遵循这项原则，才能让更优秀的人才获得发展机会，担任重要的角色。所以，在选拔人才时，一定要唯才是用，择优重用，为了企业更好更快发展，必须任用更为优秀的人才。

选择优秀人才的4个原则

选拔人才是中层领导者的一个重要任务。相比其他的决策，中层领导者做的人事决策所造成的后果持续时间长，更加难以消除。虽然选拔人才比较困难，但是有的中层领导者的人事决策却做得近乎完美。这里面有什么秘诀呢？

管理大师彼得·德鲁克在他的文章《选拔人才的基本原则》中指出，选拔人才其实也有道可依。那些成功的人事决策大多遵循了下面5个基本原则。

1. 具有积极的心态

成功人士的首要特质，在于他的心态。一个人如果心态积极，乐观地面对人生，乐观地接受挑战和应对付麻烦事，那他就成功了一半。

两个欧洲人到非洲去推销皮鞋。由于天气炎热，非洲人向来都是打赤脚。第一个推销员看到非洲人都打赤脚，立刻失望起来："这些人都打赤脚，怎么会要我的皮鞋呢？"于是放弃努力，失败而归。另一个推销员看到非洲人都打赤脚，惊喜万分："这些人都没有皮鞋穿，皮鞋市场大得很呢！"于是想方设法，引导非洲人购买皮鞋，最后发大财而归。

具有积极心态的人，遇到同事进步，会觉得自己又多一个学习的榜样；遇到同事失误，会产生同情、自责和帮助的心理；面对平凡的工作，也能产生极大的乐趣，觉得天地广阔、大有作为，如此等等。这种人脚下的路往往是宽敞的，办事的成功率是很高的。

2. 具有适度的自尊心

自尊心人皆有之，但在不同人身上所表现出来的"度"则各不相同。自尊心不足的人表现为自卑、消极，总认为自己能力不够，这也办不到，那也不可能。自尊心过强的人则表现为高傲自大、目中无人，总觉得高人一等，缺乏自知之明。这种人的虚荣心、权力欲极强，固执己见、争强好胜是其重要特点。实际上，这种人是大事办不来，小事不愿做，也不能很好的处理人际关系，是不受欢迎的人。

自尊心不足的人，有着谦虚的一面，只是他们谦虚过了头，到了自卑的程度；同样，自尊心过强的人，其实内心里包含自信的一面，只是自信过了头，达到了高傲的程度。适度的自尊心，表现出了谦虚和自信的适度结合。有能力的下属，加上适度的自尊心，他们干起事来必定是左右逢源、如虎添翼，成功是早晚的事。

3. 对工作尽心尽力

比尔·盖茨曾在一所大学做过一次演讲，其间，他说了这么一句话："每一天，都要尽心尽力地工作；每一件小事情，都要力争高效地完成。尝试着超越自己，努力做一些分外的事情，不是为了看到老板的笑脸，而是为了自身的不断进步。"成功者和失败者的分水岭在于：成功者无论做什么，都会尽心尽力，做到尽职尽责，力求尽善尽美，始终不会有所懈怠。

选拔人才时，就要选那些热爱这份工作，能尽心尽力、尽职尽责做好本职工作的人。

4. 有一颗善良、宽容的心

一般来说，凡是善良、宽容的人，与家人相处和睦快乐；与下属相处，则宽厚仁慈，上下一致；与上司相处，则善于理解上司苦衷。一句话，善良、宽容的人，人际关系始终可以保持最佳状态。这种人头脑清醒、立场坚定，不会被"好话"所迷惑，也不会被"坏话"所激怒。

辨别一个人的胸怀是否宽广，主要是看他们是否具有嫉妒心，是否斤斤计较个人得失。一个人如果和别人相处时，很能理解他人，常能为他人着想，也能抱着不怕吃亏的态度，那就可断定这个人有一颗善良、宽容的心。

用你的人格魅力影响下属

人才，是每个企业都梦寐以求的，很多企业为了吸引人才更是不惜花费大量的金钱做诱饵！然而阿里巴巴的马云却始终坚持，绝不能只用唾手可得的利益去"引诱"人才，而是要靠企业的快乐文化以及企业领导人的人格魅力去吸引人才，让人才自己主动靠过来，他才会真正地为你效力！

纵观阿里巴巴的坎坷历程，有一个非常重要的人物是不能不提的，那就是阿里的首席财务总监蔡崇信！当年，阿里巴巴还是一个名不见经传的公司，远没有现在的辉煌，但是就是因为蔡崇信的到来，改变了这一窘境。蔡崇信之所以放弃高薪加入阿里巴巴，缘由就是被阿里巴巴的企业文化以及马云的个人魅力所打动。

蔡崇信起先也不认识马云，只是听说阿里巴巴公司关于电子商务的理念颇受一些国际投资集团的注意，而当时的蔡崇信正在 Invest AB 集团任香港区副总裁，所以当他得知阿里巴巴公司有这么超前的理念后，决定一探究竟！

蔡崇信来到阿里巴巴后，他看到了一幕令他非常吃惊的景象，他看到二十多个人在一个四居室中工作，而且地上乱七八糟地扔着各类纸张，然而生活在这里的人却看不出一丝颓废，相反这些人的心情是非常愉悦。

马云作为这些人的头目，声情并茂地将自己对电子商务的看法向蔡崇信进行了阐述，并表明自己要做全球最大的 B2B 网站的梦想！考察结束后，蔡崇信对马云的梦想、个人魅力以及他与员工之间的"零距离"亲密接触，还有阿里巴巴与其他企业的文化的不同，都有很深的感触。阿里巴巴这种充满快乐的企业文化和马云独特的魅力都深深地吸引着蔡崇信！

蔡崇信回去后不久，便果断地辞去了自己在 Invest AB 集团的职务，毅然加入了当时还处于创业期的阿里巴巴。

人们经常用"人格魅力"来褒奖某某领导。那么，什么是魅力型领导呢？"魅力"用来描述领导者所拥有的对下属产生深远影响的人格力量。德国社会学家马克斯·韦伯最早提出魅力型领导的说法，认为他们被下属接受的原因，在于领导者及其下属都认为领导者拥有某种天赋。心理学家从心理学角度提出，魅力型领导的明显特征，就是对自己的能力、正确性以及自己的观念充满自信。

他们善于表达自己的思想、能熟练运用各种表达技巧。

美国陆军名将道格拉斯·麦克阿瑟是一位很会在下属面前展现自己人格魅力的领导。1941 年 11 月，美国一位叫刘易斯·布里尔顿的中将去菲律宾出任麦克阿瑟的航空队司令，这位中将回忆：他刚到旅馆就被邀请到麦克阿瑟的房间，受到麦克阿瑟将军非常热情的接待。麦克阿瑟拍着他的背，然后把胳膊放到他的肩上说："刘易斯，我候驾已久。我知道你就要来，真是太高兴见到你了。我、乔治·马歇尔和哈普·阿诺德一直在谈论着你……"麦克阿瑟的亲切、热情给刘易斯留下了极深刻的印象，以致终生难忘。

麦克阿瑟不仅将他的热情和关心倾注于身边的人，还倾注于军队里最普通的士兵。第二次世界大战中，他试着给每个阵亡士兵的家属写去一封安慰信。信中内容总是写一些个人之间的事情。许多家庭回信告诉麦克阿瑟，接到他的个人信件后，丧子的痛苦感觉减轻了很多。美国一位政治学博士评价麦克阿瑟说："从来没有一位指挥官能付出如此之少却获得如此之多。正是名副其实的卓越领导才华，使麦克阿瑟以有限的人力、物力做出了如此了不起的成就。"

总之，一个领导要想获得下属发自内心的拥护与爱戴，就应该用领导的人格魅力来感化下属。只有具备了人格魅力，他发出的号令才有感召力，才能一呼百应。而感召力的产生，只能来自一个人的人格魅力，即个人品德、情操产生的一种亲和力。许多条件下，这种领导者的个人品德、情操产生的亲和力与管理所产生的效力成正比；反之，则亲和力越弱，管理所产生的效力越少。一个企业如果没有亲和力，就不会产生凝聚力，一个企业没有凝聚力，怎能产生竞争力，没有竞争力的企业又怎能有生命力呢？

由此可见，要想成为一个受人爱戴的中层领导，就要真心地关心下属，明白应该怎么做，不该怎么做，充分发挥领导的人格魅力，获得下属的好感与信任。

善待每一个下属

在职场中，我们常常听到这样一句话：失败的原因或许各有不同，成功的关键却是相同的。因为那些取得了巨大成功的人，都是将善待下属的思想贯彻好的上司。正如日本索尼公司的创始人盛田昭夫所说的，企业家开办一家公司，他雇用各种人来实现他的理想，但是，一旦他雇用了这些人，他就必须把他们看作是同事或者帮手，而不是把他们当作是用来获取利润的工具。经营管理公司的人要考虑投资者的合理利益，但同时也要为他手下的员工或他的同事着想，他必须回报这些帮助他的人。投资者和公司员工的分量是一样的，而有的时候，员工还重要些，因为股东为了利润高低会换来换去，而员工却是一直在为公司工作。员工是每天、每时甚至一生都在为公司的兴旺奉献自己，他们才是公司所真正需要的。

员工对公司而言，就像大厦的基石一样不可或缺，试想大厦的基石如果动摇了，大厦还能够长久地挺立着吗？如果没有基层员工最琐碎的工作，怎么会有公司的产品面世呢？如果员工的工作质量下降，技术不合格，又怎能生产出优质的产品，没有了优质的产品，又怎能在市场上站住脚跟儿，企业又靠什么继续生存下去？而没有了企业，作为中层领导的你又将何去何从呢？明白普通员工同自己的关系，中层就必须树立善待普通员工的意识。

中层领导工作的一个重要任务就是管理和领导下属。管理下属，并不意味着只关心他们为公司获得了多少利润，还应该包括关心下属的生活情况或思想状况，那种认为员工生活中的那些琐事与自己无关，自己也没有义务去帮助员工解决这些问题的中层领导，是无法真正获得员工的支持的。

相反，如果中层领导能适当地关心员工，帮助员工解决一些生活中的实际问题，在工作的问题上多听取员工意见，下属们就会更愿意为你效力。如果能在工作中尽量给他们提供更多有利于提高能力的机会，时刻站在他们的立场上为他们争取权益，那么你的团队将是牢不可摧的。

李嘉诚在经营塑胶花产业时，由于企业创办不久，在策略上出现了失误，导致产品大批滞销。为了降低成本、改善企业经营状况，李嘉诚被迫大幅裁员。这在其他公司看来是很正常的事情，然而李嘉诚在做出这样的决定时却非常痛苦，这些被裁者都是为公司作出过贡献的人。他认为此次事件的发生，全在于自己的经营策略的失误。为此，他专门向那些被辞退者做出郑重承诺，只要以后公司状况转好，一定会再次请他们来公司工作。对于那些员工来说，这只不过是一句安慰他们的话，但不久，李嘉诚却兑现了自己的承诺，那些重返工作岗位的员工比以前更加努力地工作。

李嘉诚不仅对在职员工非常好，而且对那些即将离职的人员也总是满怀歉意。他常常反省自己公司有员工离职是否是因为公司经予员工的待遇或发展空间不够好。所以在多数情况下，只要他有时间，必定会给离职的人员举行饯别酒会，同时也欢迎他们随时回来。

从这个案例不难看出，善待员工是李嘉诚成就辉煌事业的一个秘密武器。

"人心齐，泰山移"，不论是在什么时候，一个团队要想成功，需要每一位成员努力地付出才有可能。若是中层漠视下属，不善待下属，把自己和下属分成了对立的两面，那么下属无论从心理上还是实际的利益上都没有满足感，自然就人心不稳，工作也就没有了积极性。团队无法凝聚为一股力量，工作自然也就开展不好。这样的公司要想蓬勃向上，根本是天方夜谭。

在企业里，中层领导者能否善待每个员工，关系到每一个员工的工作态度、劳动技能和价值观等，从而影响到企业整体的绩效水平和企业文化的演变。优秀的中层领导者对下属员工绝不会漠视，如果你对每一个下属都认真对待，重视他们的成长与发展，那么就会形成一股巨大的向心力，企业也就会真正地发展壮大。

美国白宫为美籍匈牙利科学家、空气动力学创始人冯·卡门举行授奖仪式。81岁的冯·卡门患有严重的关节炎，从领奖台走回时不慎闪了一下脚，肯尼迪总统赶忙上前去搀扶。此时，冯·卡门说了一句事后广为流传的话："尊敬的总统阁下，您应该知道物理学的一个常识，大凡物体向下跌落的时候，是不需要任何浮力的，只有在上升的时候才需要支持和帮助。"

冯·卡门讲了一个极为普通的道理。不仅在自然界是如此，在社会中也是如此。在人生阶梯的攀登过程中，谁都需要扶持，而主动扶持下属是体现领导素质的一个重要方面。事实上，现代领导素质包罗万象，但最为重要的是要以开放的心态对待外界变化，以宽容的胸襟善待员工。正如美国前总统尼克松在《领袖们》一书中写道："我所认识的所有伟大的领导人，在内心深处都有着丰富的感情。"换一种说法，这些伟大的领导人很有人情味，很善于关心下属、理解下属。是的，只有做一个善待下属、富有人情味的领导，才有可能在成就他人的时候成就自己。

不要用自己的标尺衡量下属

有些中层领导，凡事以自我为中心，总是用自己的标准来判断下属的能力，那是明显的"霸权主义"。即他认为是好的就是好的，他认为是坏的就是坏的。这种言行带来的结果只能使下属不满，甚至怨恨。

事实上，每个人心中都有不同的标准，你认为好的，别人未必有同感，所以，作为领导者，更要注重对事不对人，不能仅凭自己的喜好来判断下属的工作成绩，只要事情本身没有错误，就不应过分挑剔。

同时中层领导还要注意，给下属布置任务时，一定要明确其要求的标准，以便让下属衡量。没有提出明确要求标准或标准模棱两可，会让下属一头雾水，进而失去信心。例如，有的中层喜欢凭心情好坏判断下属的工作成绩，心情不好时，不论下属多么呕心沥血地工作，他也认为做得不够好。这种随意性，最令下属气愤。

中层领导的要求标准还应该以下属的能力而定。一个初出茅庐的年轻人，上司只能要求他中规中矩的成绩。而一个经验丰富、业务水准高的下属，就必须做出和他能力相符合的成绩来才算合格。

要想让下属做事时有所依循，管理者在交付任务时，应明确告诉下属标准，这虽会给下属一定的压力，但能使其效率得以提高。

中层领导还要注意，你发出的指令要明确，不能模棱两可，不能有"也许""可能"之类的字眼，有些人喜欢在批示句之前，加上"也许"的字眼，这往往令人无所适从。例如，"明天某某地有个展览会，也许你应该去看看。"在下属听来，好像是可去可不去似的。如果不去的话，又怕是重要的展览会，会对工作有影响；但如果去的话，又怕是无关紧要的展览，耽误了做其他事情。你总不会让下属反问你："'也许'是应该去，还是不用去？"相信任何一个下属都不会这样问，因为这样问，也因此会耽误很多事情，即重要的没去做，次要的反而花费了大把的精力。

明确的指令，包括做该事项的目的、内容，有关的时间和地点，以及建议的处理方法。如果上司不能明确地指出上述内容，下属就不能预期做妥准备工作，结果反被上司指责。这样下属自然是有苦没处诉，与上司产生隔阂。

某公司的副总对秘书说："给我致电赵经理，约他下星期一到我的办公室来一趟，我有重要的事情要托他办理。"秘书赶忙预约，但对方称下星期一要开重要会议，而他过两天便要到外地出差一个月，建议约会最好改在明天。秘书想将赵经理的话向上司转达，可是接连两天上司都没有来公司，电话也联系不上。待副总上班时，秘书才有机会将赵经理的汇报给他，此时赵经理已出差异地了。该副总责怪秘书没有早说，因为他找赵经理，就是要商谈有关他到外地后有相托的事。秘书感到沮丧，因为在这件事中，她根本没有做错或遗漏，只是上司的指令不明确。

所以，中层领导者在命令下属去做事时，一定要有一个明确、公正的标准，只有这样，下属才能更有成效地办好事，才能与上司愉快地共事。

对于下属的失误要给予理解

古人说："人非圣贤，孰能无过。"任何人都难免会犯错误，从来没有过失的人是找不到的。因此，每一位领导都面临着如何对待犯过错误的下属的问题。这也是衡量一位领导会不会用人、会不会调动人的积极性的重要标志。

美国空军著名战斗机飞行员鲍伯·胡佛经验丰富，技术高超。在长长的试飞生涯中，十分顺利地试飞了许多种机型。

有一次，他接受命令参加飞行表演，完成任务后他飞回洛杉矶，在途中飞机突然发生故障，问题十分严重，飞机的两个引擎同时失灵。他临危不惧，果断、沉着地采取了措施，奇迹般地把飞机迫降在机场。飞机降落后，他和安全人员检查飞机情况，发现造成事故的原因是用油不对，他驾驶的是螺旋桨飞机，用的却是喷气机的油。负责加油的机械工吓得面如土色，因为他一时的疏忽可能会造成飞机失事和3个人的死亡。胡佛并没有对他大发雷霆，而是上前轻轻抱住那位内疚不已的机械工，真诚地对他说："为了证明你能干得好，我想请你明天帮我维修飞机。"这位机械工后来一直跟着胡佛，负责他的飞机维修。以后，胡佛的飞机维修再也没有发生任何差错。

如果一个人能善待别人的过失，给予他人理解和自尊，帮他人恢复自信与坚强，那么，他就是一个高尚的人，他也能获得别人的尊重和信任。

具体来说，当下属犯错时，可用如下方法应对。

1. 具体分析下属的错误

俗话说，知其然，还要知其所以然。一个人犯错肯定是有原因的，身为领导，你要弄清下属的动机是什么，原因是什么，以及所犯错误的性质、危害程度、影响大小等。例如，是有立场方面的错误，还是思想作风和工作方法方面的错误，是"不知不觉"犯的错误，还是明知故犯的错误，等等。对错误一定要作具体的分析，这样才能有的放矢，帮助下属走出失误的困境。

2. 坚持"惩前毖后，治病救人"的方针

对待犯错的下属，要从实际出发，是什么错误就是什么错误，既不能掩盖，也不能扩大。促使其提高觉悟，改正错误。再说了，一个人从认识错误到改正错误，是需要一个过程的，因此，应给与下属足够的时间，切不可借此整人。

3. 对犯错误的人要肯定其价值

人最忌讳的就是看到别人的一点失误就否定他所有的成绩。作为中层领导切忌犯这种错误，要全面评价下属的功过是非，如果能对其优点给予充分的肯定，就会促使其冷静地反省自己的缺点和过错，并以积极的态度改正。相反，

如果全盘否定下属所有的功绩，则会使其在感情上难以接受，从而激发其强烈的不满，因此，切忌把一个人说得一无是处。

4. 对犯错误的人要帮助引导

有的人一旦有了失误，就有了心理阴影，从而陷入迷途，此时，就需要领导给予耐心开导。有时，不妨把下属的失误当成一个培养其不甘示弱的意识、百折不挠的毅力、不怕挫折的精神的机会。

海纳百川，有容乃大。一个人越宽容性情愈有转折的余地，就愈加不会动肝火、闹情绪，愈加不会纠缠于无谓的小事。因此，一个宽容的人，必然能够微笑对待人生。

给年轻下属成长的机会

作为企业领导，要对年轻人寄予希望，多给年轻人成长锻炼的机会。我们知道，人的一生中，25～45岁是创造力最旺盛的黄金时期。34岁的邓稼先、34岁的朱光亚、32岁的周光召、31岁的欧阳宇……这些后来成为中国核工业栋梁的功臣，当初加入核工业时都不过是年轻人。正是这群年轻人，在中国核工业领域几乎是完全空白的情况下挑起了大梁。

成功的领导者都是敢于重用年轻人的。从1990年起，联想集团总裁柳传志就开始大量提拔和使用年轻人，几乎每年都有数十名年轻人被委以重用。比如后来的总经理杨元庆、联想神州数码公司总经理郭为、联想科技园区的总经理陈国栋等，他们都是在35岁之前就被重用，掌握着几个亿，甚至几十亿营业额的决策权。比尔·盖茨的成功也是与他善用年轻人分不开的。他说："对我而言，大部分快乐一直来自于我能聘请到有才华的年轻人，与之一道工作。我招聘了大量比我年轻许多的雇员，他们个个才智超群、视野宽阔。如果能够利用他们睿智的眼光，同时广纳用户的进言，那么我们就还会继续独领风骚。"

年轻人有着超强的想象力，他们有理想、有激情、有冲劲、有聪明的头脑。在市场竞争白热化的今天，想要在市场上占有一席之地，想要使企业基业长青，就得大胆起用年轻人。正如马云所言：给年轻人多一点机会就是给自己多一点机会。

那么，作为中层领导，怎样帮助年轻下属发挥干劲，激发他们的潜力呢？只有在了解年轻员工的特征和他们的期望的基础上，掌握灵活的管理技巧，才能有效地管理好年轻员工。

1. 要多夸奖，少批评

年轻人的自尊心极强，被上司称赞，就会喜不自胜；被批评则没精打采。上司应多予褒扬，他们才敢于更进一步。需要批评时尽量不针对个人，慎重的惩罚会带来良好的效果一定要多夸奖，少批评。

2. 分派一些较重要的工作

年轻人好胜心强，你给他分派较重要的工作，就说明你信任他、尊重他，有了这样的上司赏识，年轻下属一定会分外卖力地把工作做好。

3. 给予认同

年轻人需要被认同，当他们觉得自己在从事一件"看不见"的工作时尤其如此。事业心强的年轻下属会把自己的想法提出来，希望得到上司的认同，从而展现自己的才能。这时中层要赏识年轻员工，应该认真地倾听他们的观点，无论他的创意是否管用，都要予以鼓励；倘若决定采用，应先与他一起研究实行时要注意的问题。

如果肆意地驳回年轻下属的建议，或干脆搁置一旁不理，对于年轻下属来说是一种侮辱——表明自己在上司心目中毫无地位。

4. 经常沟通

沟通是有效管理员工的关键，年轻员工比年长员工更需要沟通。经常的沟通，认同年轻员工认为重要的问题；指示时应详尽明确，当指示很复杂时，一次只解释一部分；鼓励提出问题和反馈问题，以达成解决问题的效果。还要与年轻员工保持联系，关心、帮助他们，及时提供必要的指导。

5. 提供社交的机会

大多数年轻员工喜欢与其他年轻员工一起工作，尤其是与志同道合的年轻员工一起工作，会备感愉快。

6. 提供学习与发展的机会

以工作成果来激励员工，让员工知道怎样做，让个人有机会自由发挥其才能而达到目标，使他们有成就感和自信，并有效地学习、工作。

7. 改善工作环境

愉快的工作环境可视为一项卫生保健因素，也对员工具有激励效果。

8. 要让他们明白工作的意义

在年轻人眼中，工作即是效益和价值。中层领导要充分激发年轻人的才思与热情，使他们形成一个有凝聚力的工作团体。假若年轻的员工积极投入工作，企业就会充满活力，加速企业目标的推进；如果年轻员工还能与经验丰富的老员工融为一体，那么，企业就会形成强大的竞争力。既能使团队效益节节攀升，又可以获得下属的尊敬拥护。

培养人才，舍得下血本

人才的流动是很大的，所以中层领导要不惜血本培养适合自己需要的人才，这样才不会临时抱佛脚。

重庆机电控股（集团）公司副总经理廖绍华在回首公司创业的艰辛时满怀感慨，他认为起步阶段，人才最关键。为了留住人才，他曾经"五顾茅庐"。为了培训人才，"吝啬"的廖绍华"不惜血本"，尽一切可能创造条件，送员工读大学、到国外学习。到现在为止，有三百多人次的员工到过国外接受培训。

企业的竞争，归根结底是人才的竞争，要想在竞争中制胜，那就得培养人才，就要像培养飞行员一样舍得下血本。

致达集团的严健军是一位富有传奇性的领导者。商界素来是个创造奇迹的地方，已经做到外企副总的严健军毅然辞职，拿着东拼西凑来的20万元现金组建了一支号称有"五六个人、七八条枪"的队伍，节衣缩食来给证券公司做计算机系统集成，当年产值就实现了800万元。在此之后的5年，严健军带领致达的员工们创造了一个又一个传奇：他们开发的LED证券行情显示屏和相关软件产品占领了45%的市场。证券营业部中，股民整天盯着看的行情显示屏有半数是他们的产品；他们开发的电力控制系统一举击败了美国GE公司和德国西门子公司的产品，安装在了上海人的骄傲——轻轨"明珠线"上。他们的易富网被评为中国金融证券类十大优秀网站。此时的致达科技已成为年产值5亿元、净资产3.5亿元的高科技集团，位列上海民营科技企业百强的第13位。

作为一家民营高科技企业，严健军在创建之初就为它明确了发展目标：成为中国IT行业的领头者。在他看来，这些年企业虽然有了一定的成就，但自己离目标还很远："关键是开发出拥有自己知识产权的软件产品，要达到这一步还需要三个条件。"

严健军的三个条件中，最重要的便是人才。致达目前已招揽了一批在通信、网络技术和电力工程等方面的专业人才，员工中90%以上是本科以上学历，平均年龄只有28岁。严健军现在正致力于通过激励机制进一步挖掘员工的潜力，一次，他奖励了一个从事软件开发的博士上百万元，就是因为他开发的软件为企业带来了很可观的效益。此外，严健军还在美国注册了一家合资公司，定期派员工去国外培训，在国外学习先进技术与管理经验。这位兼备技术与管理能力的民营企业老总，深知人才是高科技企业最大的财富，所以培养人才不惜代价。

一个集团的发展规模取决于经营者能够容纳多少人才，能有多少人才为公司效力。严健军对人才的高度重视，使他的致达企业成为一个富有活力的企业团体，在竞争激烈的市场上立于不败之地。

中层领导识人、用人要注意的问题

对于相当数量的企业来说，有没有足够数量和能力的人，直接决定了企业的生死存亡。但遗憾的是，有些企业的领导人，在用人方面却存在着很多的误区，致使这些企业始终难以在人才问题上形成突破，制约了企业的发展，最终由于人才的流失而导致企业分崩离析。

归纳起来，中层领导在用人方面有如下 6 个方面的问题需要注意。

1. 不凭个人好恶看人

主观偏好是看人的一大障碍，比如，有的人喜欢唯唯诺诺、善于逢迎的人，因为只有在这些人的衬托下他才能表现得更为突出；有的人格外宠爱对自己有过好处的人；有的人格外信任自己那个小圈子里的、与自己气味相投的人；还有的人习惯于用自己那套"模式"来衡量人，等等。这种凭个人好恶、恩怨、亲疏、得失看人、用人的现象，是用人的大忌，它把那些敢于发出不同声音的人拒之门外，使一些真正有才能的人受到冷落和埋没。所以领导看人，要从整体衡量，切忌主观武断，要时刻反省自己，看看自己在对待下属时有没有偏见。

2. 不要仅从表面看人

表面看人是很容易出问题的。比如，有的领导看到某一下属穿着整齐干净，就认为该下属做事细心有条理、负责任；相反，如果对某下属的印象不好，则往往可能忽视了该下属的优点，甚至将该下属看得一无是处。诸葛亮对人的表里不一有论述，他说人"有温良而伪诈者，有外恭而内欺者，有外勇而内怯者，有尽力而不忠者"，如果只看外表，就容易看错了人。所以，要想真正了解一个人，还得用心去看。

3. 不能先入为主

领导者在全面接触一名下属之前，总会得到一些间接的信息或反映，如"某人骄傲自大，目空一切"，或"某人谦虚谨慎，忠诚老实"等。这些信息，只能作为领导者考察下属时的参考，不能把它作为有色眼镜来用。一个下属究竟怎么样，只有通过在接触中观察了解，才能得出正确结论。

日常生活中所说的"嘴上没毛，办事不牢"，就是认为年轻人不稳重，而实际上很多年轻人是很稳重的；认为年老的保守，而实际上有的老年人思想比年轻人还开放。诸如此类，是最常见的，也是最难克服的。所以，中层领导要想用好人，就要避免这种情况的出现。

4.不以一时一事看人

评价一个人要客观，不能因其一句话说得好，或某一件事办得漂亮，就说这个人如何之好；也不能因其一句失误的话，或哪件事没办好，就说这人如何不行。要彻底了解一个人，就必须全面地看待他，不能以偏概全。

5.不把人"看死"

这个世界上没有一成不变的事物，看人更是如此，切莫用静止的观点看人。过去有错误或功劳，不能记在今天的账上。同样，今天没干好，不等于明天也一定干不好。任何事物都在变化之中，人也是会变的，我们要通过积极的努力，促使其坏的方面向好的方面转化，防止好的方面向坏的方面转化。

6.不以一己之见取人

一个下属的优劣，只靠领导者一个人来观察了解显然是不够全面的，如果只凭一己之见来作结论常常有片面性。只有依靠下属的力量、团体的力量，才能了解得更全面、更深刻。

第七章

学会授权，给自己松绑

很多人做了中层领导后，事必躬亲，整天忙得恨不得一天当作两天用，其实他所忙的绝大多数工作都是可以假手于人，都是可以分类、分级、分时授权其他员工完成的。很多中层领导也懂得授权的重要，但就是不知道如何授权。多数人的经历就是"一放（权）就乱，一收（权）就死"。究竟该如何授权？这的确是门大学问。

授权行为的基本要素

授权行为一般由三种基本要素构成，称为授权的三要件，即工作指派、权力授予和责任创造。

工作指派在授权过程中，向来最被中层领导所强调的。不过，许多中层领导在进行工作指派时常常存在下面两方面的错误：

其一，他们让下属获悉工作性质和工作范围，而未能让下属明确他所要求的工作绩效，这一点实在是中层领导在授权过程中的一大败笔，因为如果下属对中层领导所期待的工作绩效不甚了解，他们的努力在客观上就缺乏一个目标。这同时给中层领导授权后的管理带来了困难，因为中层领导无法依据事先确立的绩效标准对下属实施考核，奖优罚劣，这是一种管理缺失。

其二，中层领导有时会把自己分内完成的工作也指派给下属，他们未曾意识到，并非中层领导所有工作均能授权下属来完成的。这些不能授权的工作包括目标的确立、政策的研究与拟定、员工的考核与奖罚等，这是中层领导工作的"命脉"，不可假手他人。

在指派工作的同时，中层领导应对下属授予履行工作所需要的权力。这就是"授权"两个字的由来，"权力授予"与"工作指派"之间应是怎样的关系，权力授予的合理区域应该是多少，这是实施授权的中层领导最为关心的问题，中层领导所授予的权力应以刚好能够完成指派的工作为限度，这体现了权力授予的原则，即以完成工作为最终目的。客观上，工作任务的执行所需要的权力——这些权力用来调动完成工作所需的人、财、物、信息等组织资源——构成了权力授予的合理限度。

在权力授予中最主要的问题，也是授权管理的难点之一，即权力授予的适度问题。如果授予的权力不足以支持工作任务完成的需要，则指派的工作难以完成，授权因而丧失其意义；然而，如果授予权力过度，超过了执行工作任务实际的需要，则势必导致下属滥用权力，授权带来的负面作用太大，同样会导致授权失败。

授权的另外一个要件即为责任创造，其含义是中层领导在进行工作指派和权力授予之后，仍然对下属所履行的工作绩效负有全部责任。这即是管理上所谓的"授权不授责"原理。这意味着，当下属真的无法做妥所指派的工作时，中层领导将要承担其后果。

许多中层领导在这里犯的错误是当他发现下属无法做妥指派的工作时，试图将责任推卸到下属身上。他们以为责任随同权力一同下移了，而事实上却恰恰相反，权力在管理中有向下分散的趋向，而责任却有向上集中的趋向。责任创造的第一层含义是对中层领导而言，第二层则是针对下属的。即为了确保指派的工作能顺利完成，中层领导必须承受在授权的同时下属完成工作的责任，在中层领导和授权下属之间建立起一种连带责任关系。下属若无法圆满地执行任务，则身为授权者的中层领导可以唯他是问，这当然并不代表中层领导不需承担对任务的最终责任，尤其是当这件任务涉及本公司、本部门之外时，更是如此。

授权的 8 个原则

中层领导授权的原则概括地看有以下几个方面：

1. 敢于授权原则

我们都有这样的感觉，有时候越忙，效率越低。那些整天忙得一头雾水的领导往往是工作效率最低的领导。因为他们守住权力不放，大权独揽，小权紧握，整日缠身于琐碎之事，大事根本没时间顾及，结果往往是抓了"芝麻"丢了"西瓜"。要想克服这些舍本逐末的做法，首先就要有授权的胸怀，舍得放下手中的权力，不贪权、不恋权。其次，要有授权的胆略，要善于抓大放小善于统揽全局，抓住大的、主要的权力，放开小的、次要的权力。

2. 合理授权原则

这是指领导者授权的动机、程序、途径必须是正当的、合理的。从动机、目的看，是为了组织工作的需要，是为了提高领导工作的效能，是为了着力于锻炼、培养员工，不是出于自己的主观随意性，更不是搞任人唯亲、满足个人的一己私利的行为。

3. 可控授权原则

授权只是将领导者应当独享的权力授予下属行使的活动，领导者并不会因为授权而丧失其领导主体地位，是授权责任后果的最终承受者。因此，授权不是放任自流、撒手不管，不是放弃其职能。所以，授权时必须适当控制，确保权力得到恰当使用。控制的目的在于发现和纠正下属行使权力时偏离目标的现象，而不是干预下属的日常行动。

4. 逐级授权原则

除特殊情况下，领导者只能对直接下属授权，绝对不能越级授权。否则不仅使中间领导者的工作变得被动，而且也容易造成管理层次的混乱、搞乱了权力纵向隶属关系，影响了上下级的团结，挫伤了下级的积极性和创造性。要避免领导者在授权过程中违反逐级授权的原则，领导者必须明确应授的权力与授权的对象是什么。要明确领导者作为整个组织的指挥者，不是组织中所有权力的拥有者，领导者所拥有的权力有一定范围，领导宽度是有一定的限制的。领导者与下属各自拥有自己的权力，因此，授权也必须符合组织原则。正常的权力运行机制，除非在极特殊的、冲突事件的处理上可以越级授权外，一般不得越级授权。

5. 权责明确原则

管理者给下属授权的同时还有授责，因为权责是相统一的。下属接受领导的授权，也意味着接受了责任。如果事情办不好，应该承担相应的责任。

这样可以防止下属滥用职权，可以增强下属的责任感，从而用心地对待所接受的工作。下属被上司授权，就应该对上司负责，通过逐级对上负责，形成金字塔的结构，最高管理者就可以把权力统一起来，实现总揽全局的目的。

6. 适度授权原则

授权的关键问题是如何把握授权的"度"。首先，量力授权。领导者授权时，应根据自己的权力范围、下属的能力强弱和水平高低，来确定授给下属的权力和责任。这就要求所授之权既不能超过被授权者能力所承担的限度，也要防止授权不足。其次，酌情加码。重要的、关键的权力，授予下属时不要一步到位，而要根据事态的发展，一点一点地酌情加码。最后，弹性授权。正确的授权，不是放任，撒手不管，而是保留某种控制权。没有可控权的授权是弃权。即授予下属的权力可大可小、可轻可重、可多可少；既要授得出去，又要能收得回来。

为贯彻适度授权原则，领导者在授权时应注意将精确性授权与模糊性授权相结合、刚性授权与柔性授权相结合，并以模糊性授权、柔性授权为主，使被授权者有较大的自由思考、决断的空间，充分的行动自由，并能"代替"上级领导者发号施令，这才符合授权的本意。

7. 慎重授权原则

授权是一项政策性、原则性很强的工作，因此中层领导必须慎重对之。要认真调查研究被授权对象的信息，切忌盲目授权。授权必须以事业的需要和授权对象能力的大小、水平的高低为依据，因才授权，防止有才不用和无才宠用的现象发生。

8. 有效监控原则

很多人把"权"授出去以后就刀枪入库，马放南山了。其实，权力授出后还需要后续的跟进，也就是监控。这是因为，首先监控能明确权责；其次可起到监督作用，对被授权者的工作情况要随时掌握，对偏离目标的行为要及时进行引导和纠正；再者可及时调控，对难以胜任工作的人要及时更换，对滥用职权，严重扰乱企业秩序的被授权者要及时收回权力，并给予严厉惩处以儆效尤。

学会和他人分享你的权力

2018 年 9 月 20 日，在天津举办的 2018 年夏季达沃斯新领军者年会上，马云谈到了已经重复多遍的愿望："我不愿意死在办公室里，还是愿意年纪大的时候，如果躺在沙滩上死掉，我觉得蛮高兴的。"

在马云看来，企业的管理者要学会和他人分享权力，而非牢牢地把握住权力不放。

好的中层领导怎样能打造一支有力量的队伍？答案是分享权力。有一个颇有经验的部门主任说，尊重员工、分享权力是他成功领导部门的秘密武器，这是当好一个中层的必备素质。但在现实中，有很多公司的中层领导却背道而驰，他们利用权力压制员工。追求个人的发展并没有错，但是创建一个强大的团队是更靠谱的方式，它反而会赋予你更多权力。

1964 年，劳勃·高尔文接过了父亲波尔·高尔文的班，成为摩托罗拉公司的董事长兼最高主管。他掌管公司以后第一项措施就是给员工充分的授权，以激发员工的进取心。这一制度实行之后，摩托罗拉公司的业绩突飞猛进，竞争力大大增强了。

劳勃·高尔文认为，员工如果觉得自己就是公司的主人，就会有老板的心态，如果每个员工都有老板的心态，公司就不用担心发展动力不足了。于是，他把整个公司划分成很多的独立的团队，让大多数员工都体会到高尔家族所拥有的权利和责任。

劳勃·高尔文认为，一个人如果能操纵自己的命运，那么他一定会很开心，也会有自信，能战胜压力，因而比较有进取心。一个有进取心的员工是最有希望也是最有价值的员工。所以，摩托罗拉不断地创造一些适当的环境及计划，尽量让员工多参与到跟自己有关的管理工作中。

为了这一原则能更好地实施，劳勃·高尔文建立了一套明确的升迁制度。只要员工在履行责任时创造性地工作，就能获得相应的权力。

当公司发展到一定规模的时候，员工就希望可以分享到公司的权力，这是员工实现自我价值、渴望得到别人尊重的一种需求。这时，领导者应该满足他们的这种心理需求，使得他们保持这种积极进取的心态。

权力授给什么样的人

权力不可不授，却也不可乱授。授错了人，很可能会误事和坏事。根据领导经验，可以将权力适度授予以下几种人。

1.认真执行命令的下属

一般说来，上司下达的命令，无论如何也得全力以赴，忠实执行。这是员工必须严守的第一原则。如果员工的意见与上司的意见有出入，当然可以先陈述自己的意见。陈述之后，领导仍然不接受，就要服从上司的意见。

有些员工在自己的意见不被采纳时，抱着自暴自弃的态度去做事，这样的人没有资格成为上司的得力干将。纵然上司的见解与下属的见解不同，上司一旦有新决定，下属就要把这个决定当作自己的决定去执行。权力是要授给认真执行命令的下属的。

2.能够把握自己权限的下属

被授权之人必须能认清什么事在自己的权限之内，什么事自己无权决定。如果发生某种问题，而且又是自己权限之外的事，不能拖拖拉拉，应即刻向上司请示。

超越顶头上司与上级领导去做事，等于把上司架空，也破坏了管理系统。非得越级与上级联络、协调的时候，原则上也要先跟顶头上司打个招呼，获得认可。权力是要授给那些既不滥用权也不越权的下属。

3. 勇于承担责任的下属

有些人在自己负责的工作发生过错或延误的时候，总是举出一大堆的理由。这种将责任推卸得一干二净的人，实在不能信任。而有一类下属，不管原因何在，他都能为过错负起全责。他顶多对上司说一声："是我工作不力，责任心不够。"

如果上司问起过错的原因，必须据实说明，他很少做出辩解，更很少把责任归咎于他人。

他对领导没有过分的依赖心理。要知道事事请示，不但增加了领导的负担，他本身也很难成长。

下属拥有执行工作所需的权限，必须在不逾越权限情况下，担负起责任，凭自己的判断把分内的事处理得干净利落，这才是领导期待的好下属。

4. 能够掌握全盘工作的下属

好多下属被上司问到相关工作问题的时候，还得向其他人探问才能回答，这样的下属不但无法管理下属与工作，也难以成为领导信任的人。好的下属总是随时掌握职责范围内的全盘工作，当上司问及工作的方式、进行状况，或是今后的预测，或有关的数字，他都能如数家珍。

5. 积极向上司求教的下属

下属不可以坐等上司的命令，必须自觉请上司向自己发出命令，请上司对自己的工作做出指示。如此积极求教，才算是能干的属员。

6. 经常跟上司沟通的下属

自己处理好的问题，这类人总能有时间向上司报告，使上司了解实情，不至于做出错误的判断。当然，他还知道有些事情无须一一向上司报告。但是，原则上可称之为"问题""事件"的事情，他都会向上司报告。经常与上司沟通的下属会让上司很放心。

7. 主动向上司提出问题及对策的下属

中层领导由于事务繁忙，平时很难直接掌握某些具体岗位的工作细节问题，能够确实掌握问题的人，一般非具体岗位的员工莫属。因此，能常常向上司提出个人工作目前的问题，以及将来必然面临的问题，同时一并提出对策，供上司参考的下属，一定是中层领导喜欢的下属。

8. 经常为上司提供各种情况的下属

下属在与外界人士、下属等接触的过程中，经常会得到各种各样的情报，这些情报，有些是对公司有益或是值得参考的，他能把这些情报谨记在心，事后把它提供给领导，以便领导决策时有所助益。

向领导做某种说明或报告的时候，有些下属习惯于带有个人偏好，如此一来，极易让领导出现判断偏差。尤其是影响到其他部门，或是必须由领导做出某种决定的事，他在说明与报告时总是不偏于一方，从大局出发，扼要陈述。

根据员工的特点授权

术业有专攻，每个人都有自己擅长的领域，也有知识上的盲点，因此，中层领导在授权的时候一定要人尽其才，对症下药，把权力下放给熟悉某一行业或岗位的人，以使其得心应手地发挥自己的才能，这是激发他们工作使命感的好方法，也是实现公司适应发展，取得成功的必然要求。

当年，本田汽车公司准备进驻美国，开设美国工厂。项目筹划之际，公司预先设立了筹备委员会，并聚集了来自人事、生产、资本三个专门委员会中最有才能的人员。该项目的决策者是本田第二任社长河岛，但具体制订方案的是员工组织，河岛不参与其中。在河岛看来，员工组织会比自己做得更好，他相信员工们的能力。比如，位于美国俄亥俄州的厂房基地，就是员工组织一手组建的，河岛一次也没有看过，这足以证明他充分授权给了下属。其实，当时也有人问河岛为何不赴美实地考察，对此，河岛的解释是："我对美国并不熟悉，既然熟悉它的人认为这块地最好，难道不该相信他的眼光吗？我既不是房地产商，也不是财务长。"

后来，本田的第三任社长久米也显示出了其独到的授权策略。比如在"城市"车项目的开发过程中，久米就充分显现了他对下属的授权原则。"城市"开发团队的成员基本上都是二十多岁的年轻人，不少人担心把这么大的项目交给一帮年轻人操作难免会出问题，保不准还会弄出稀奇古怪的车来呢！但久米对这些年轻人坚信不疑，相信他们会拿出好的成绩，正如那些年轻的技术人员所说："开这车的不是你们，而是我们这一代人。"

久米有他自己的主张，他很少去听那些思想僵化的人的说辞，他说："这些年轻人如果说可以那么做，那就让他们去做好了。"

在久米的支持下，这些年轻技术员的杰作终于问世了，他们开发出的新车——"城市"，车型高挑，打破了传统汽车流线型的常规。果然，"城市"一上市，很快就受到了年轻人的追捧。

本田之所以有今天的规模，很大一部分原因就是因为本田的领导者善于授权，善于根据每个人的长处授权，让他们自己在熟悉的领域创造出杰作。

具体来说，根据员工的长处充分授权，应遵循如下三个原则：

1. 明晰所要解决的问题

对可能的对象进行有目的的筛选，即公司所采取的行动将要达到一个怎样的目的，解决什么具体的问题，中层领导必须心里有数，这样就可以有针对性地进行选择。

2. 人员筛选必须做到定性、定量

衡量行动结果必须有一个标准，使人员筛选结果能用简单、直接的数据体现出来。唯有如此，方可能使被授权的人对行动价值有准确的认识。

3. 限时完成工作任务

要给被授权者一个时间限制，要在规定时间内完成任务，而不能是遥遥无期。每一阶段的任务必须全力以赴地完成，保证工作的时效性。

给下属充分的权力与自由

如今，企业的分工越来越精细，因此，身为中层领导，就应该建立一整套完善的授权管理体系，将公司的管理从"做事"的方法，转向"让人做事"的艺术是势在必行的。那么究竟如何授权呢？简单地说，授权是指在分配工作的时候，赋予下属相应的权力和自由，准许下属在一定范围内调度人力、物力和财力；同时在工作中，允许下属自行做出决定，以完成任务。

有一位公主被一只野兽困住了，恰有一位勇士路过此地。勇士拔剑杀死了野兽，结果公主爱上了他。公主的家人和城里的人民热烈地欢迎他，把他奉为英雄。

一个月后，勇士有事外出，回来的时候又碰到了野兽在追公主，勇士立即拔剑前去营救。但就在他冲上去的时候，公主喊道："别用剑，还是用绳子比较好。"

她扔给他一条绳子，还示范了用法。他稍加犹豫，听从了她的指示，用绳子套住了野兽的脖子，然后用力一拉，野兽就死了。公主和城里的人都很高兴。

然而，在庆祝晚会上，勇士却觉得自己并没有立功，因为杀死野兽的是公主的绳子，而不是自己的剑，他受不了人们对他的祝贺和赞美。

又一个月后，勇士带上剑再次外出。公主叮嘱他要保重，并交给他一根绳子。

他回来时，再一次看到有一只野兽在追公主，他拿着剑，拎着绳子冲了上去。正当他在考虑该用什么武器比较好时，公主向他挥手："别用剑，也不要用绳子，用这包毒药。"

说完，公主丢给勇士一包毒药。他愣了一会儿，然后把毒药投到野兽的嘴里，野兽便死了。人们欣喜若狂地向他祝贺，但是，勇士觉得很没面子。

时间又过去了一个月，勇士第三次出行，随身带着剑。公主仍然再三嘱咐，同时交给他绳子和毒药。

在外出途中，勇士看到野兽在追一个少女，便立即冲上前去，刚要拔剑，却在犹豫是用绳子好还是用毒药或者是用剑比较好。

如果这时是公主被野兽追，她还有什么别的办法吗？他感到十分困惑，想起当初救公主时用的是自己的剑，于是他毅然拔出了剑刺向了野兽。他杀死了野兽，同样受到了少女所在小镇人们的欢迎。

这个少女从不教他该怎么做，于是他留在了小镇上，和被救的少女过上了快乐的生活。

能力越强的人越不喜欢别人指挥他。有能力的下属最需要的是管理者的理解和支持，而不是随意的命令和指挥。

聪明的管理者不是简单地指挥和命令下属，而是充分尊重他们的工作方法，支持他们的创意，给他们完成工作的足够自由和空间。

运权的最高境界

中层领导要做到"有为"，首先要学会"无为"，要能在"无为"中实现"有为"。一个单位、一个部门的工作千头万绪，作为中层领导如果不能处理好"有为"与"无为"的关系，就很难真正做到有所作为。"无为"是中层领导运权的最高境界。

1. 抓住大事，放小事

"做给下级看，带着下级干"，"向我看齐"讲的是中层领导要在"修身""做人"上当好样板，而不仅仅是多做具体工作。实际上，一个优秀的中层领导，不在于他本人亲自做了多少事，而在于他是否善于让他人能干事。

孔子有两个学生，一个叫宓子贱，一个叫巫马朝，先后在鲁国的单父当过一把手。宓子贱整天弹琴作乐，身不出室，却把单父管理得很好，巫马朝则天不亮就外出，天黑才归来，事事都亲自去做，单父也治理好了。巫马朝问宓子贱是什么原因，宓子贱说，我治理单父主要靠用他人做事，你主要靠事事亲自做，你当然很忙，我当然很悠闲。人们称宓子贱"君子"，而巫马朝"虽治，犹未至也"。也就是说，巫马朝不如宓子贱懂领导艺术。

一把手要善于从全局角度抓大事、要事，比如，考虑工作目标，制定工作规划，一年中要有哪些改革创新，人事如何安排，钱财如何收支，等等。对于一些无关大局的小事、琐事则不可过多操心，要善于区分大事与小事，把主要精力用在抓大事上。要知道，非一把手很少有人去考虑全局问题，一把手若不注意抓大事，而是陷入日常事务之中，就难免因小失大，所管的部门肯定难以搞好。

2.细管督查奖惩，粗管具体工作

有些中层领导常常忙于听汇报做指示，看到有些工作不合己意就亲自上阵，出现一人忙众人闲、一人干众人看的现象。中层领导要把自己从具体工作中解脱出来，变一人忙为众人忙，甚至一人闲众人忙，关键要抓住两点：一是监督检查，中层领导应改变重布置具体工作轻监督检查的毛病，重点抓好监督检查，不仅自己抓监督，还应用有事业心、责任感强的人去抓监督；二是抓好奖惩，古人云："治乱之理，宜务公刑赏为急，治国者莫不有法，然而有存有亡，亡者，其制刑赏不分也。"在一个单位，如果干事的得不到表扬，不干事的得不到批评，甚至不干事的还受表扬，干事的反受责难，员工的工作积极性绝对不会高，工作也当然搞不好。无数历史事实证明，中层领导能否用好赏与罚，在一定程度上决定着事业的成败。因此，中层领导只有公正、准确地用好赏与罚，才能极大地调动下级的工作积极性。

3.强调工作效果，少制定工作方法

中层领导对下级的工作评价，应该以工作是否落实或落实的效果如何为标准。作为中层领导要鼓励下级创造性地工作，不能把下级的工作方法、工作细则管得过死、过细，否则下级就不可能有主观能动性。再说，各部门的情况千差万别，要让下级按照你的思路去工作，还要取得成效，中层领导就必须用很多精力去考察每一个岗位的情况，否则，你的办法就不合实情，下级执行也不会到位，这样不仅贻误工作，而且容易让下级养成只会按领导的要求照葫芦画瓢、不勤于思考的懒惰的工作作风。因此，上级领导应该把注意力放在提出工作目标和明确工作效果上，至于怎样执行，应放手让下级去想、去干，不可干预过多。

授权后的监控很重要

在很多人看来，授权就是放权。其实，正确的授权不是放任不管，也不是

将权力绝对地、无原则地下放，更不是弃权。正确的授权应该是相对的、有原则的，是在有效监控之下的授权。同时授权人还要有承担更多的责任与义务的心理准备。授权不是把权力无条件地下放，授权者必须确定员工完成一项工作到底需要多大的权力，与完成任务无关的权力不应该下放。另外，在进行任务分派时就应当明确监控机制。

汤姆是某公司生产部门的经理，他深谙授权的技巧，还清楚如何有效地授权。他把很多工作都授权给员工做，自己则很少加班，更不会把工作带回家。

他从来没有为工厂的问题所困扰。当别人问他成功的秘诀时，汤姆说："我没什么秘诀，我一般在安排任务以后会进行跟踪、监控和检查。例如，我手下的瓦特负责管理埃克隆工厂，他每天都打电话给我，因为他的前任老板要求进行这样的反馈。但是我告诉他我相信他的能力，所以他只需要每周一打给我，做一个 10 分钟的情况报告就可以。现在他已是一个优秀的管理者。"

实行监控检查关键在于了解员工的执行情况，只有了解了员工的执行情况，才会让员工圆满地完成自己的任务。适度的监控检查并不是代表不信任某人，相反这能证明你重视某件事情，所以适度的监控检查并不会打击员工的积极性。及时有效的监控手段可以使工作沿着原计划来运行。如果缺乏监控手段，员工的执行力度就会不够，最终导致授权达不到预期效果，或宣告失败。

这就要求管理者在授权员工去做某个项目和任务时，如果发现运作的方向有偏差，就要通过有效监控及时纠正。

比方说，可以对出现偏差或执行过程中走错方向的员工说："请你这两天到我的办公室来一下，我觉得你的这项工作可能有些问题。我想我们应该交换一下意见。"

这时，你已经在扮演控制者的角色，而且控制开始出现效果了。

高明的管理者应该时刻细心选择控制方法，这样才能使自己能在最恰当的时刻，以最恰当的方式，把跑偏的员工拉回到正确的轨道上来。授权后，管理者要建立起一套控制制度，通过工作报告、考核、预算审计等渠道获得员工工作的反馈信息，并进行及时有效的控制。在管理中必须遵循授权加监控的原则。如果只授权不监控，管理就会混乱；如果不授权只监控，员工则会毫无活力可言。

第八章

好口才是练出来的

　　以中层领导的身份说话不是随心所欲的交谈，而是一种很重要的与下属沟通的活动，不管是和下属单独谈话，还是团队内部的讲话，或是在众人面前的演讲，都要求能充分地表情达意，侃侃而谈。要想成为一个出色的中层领导者，说出的话必须言之有物，具有启发性，能够鼓舞下属。

说话之前，先摆正自己的位置

很多的人在当众讲话时，都是以自我身份表达思想和传递信息的。作为中层领导的你要和听众达到理想的交流效果，就要清醒地认识到自己的身份，说出得当的话，说出符合自己身份的话。

中层领导当众发言要符合自己的角色和身份，首先就要做到称谓、口气得当。说话不得体，不注意身份，听的人总感到不是滋味，甚至引起反感，这肯定达不到交流的目的，甚至事与愿违。

某企业家在与另一厂家厂长洽谈业务时，晚到了半个小时。一见面就严肃地对那个厂长说："我这边事情太忙了，只能用很少的一点时间接见你，马上开始吧。"

此话一出，在场的人都向他投来异样的眼光。作为一个知名的企业家，说话怎么这么没水准、没修养呢？

当然，一笔几十万元的订单，就因为他这一句话泡汤了。洽谈生意双方的地位是平等的，这位企业家不但没有因为自己的迟到向对方道歉，而且讲话的态度还十分无理，实在是有失他的领导身份！

作为中层领导，上面有领导，中间有平级领导，下面有下属，说话时更要注意自己的身份，说出恰当的话。如以下级的身份向上级汇报思想工作，当持敬重的态度，注意措辞的严肃性和应有的礼节性。与同级、同辈、亲友交谈，则以亲切、自然为宜，不宜过于"一本正经"，否则便有疏远之感。以上级身份向下属布置工作，语言就要简洁明了，以下属能接受为准，切莫只顾自己表达，不管下属的感受。

我们来看一个例子：

某公司经理喜欢别人称他为"头儿"，因为那样给人一种亲切感。一天，公司招来一位新员工，他对这位新员工说道："在公司里我是头儿，所以，你以后只管叫我'头儿'即可。"可就在这时，平常极少出现的董事长恰巧走进经理的办公室，总经理马上意识到刚才自己说的话实在不是时候，怎么办？可并不认识董事长的新员工问道："你是头儿，那你一定没有上级了吧？"总经理灵机一动回答道："当然有啦，脖子啊！我虽然是头儿，但是头必须得服从脖子的指挥啊！如果头想转动，但脖子不想动，头也没办法啊！向你介绍一下，这位就是我的脖子——本集团董事长、知名企业家刘先生！"新员工急忙向董事长问好，而董事长则被总经理的妙语和称赞说得笑容满面。

这个故事中的总经理，在领导和下属面前语言运用十分恰当，说出的话符合自己的身份。他既巧妙地赞扬了自己的领导，赢得领导欢心，又在下属面前保住了自己的面子，可谓一举两得。

常言说，"言为心声"，鲁迅先生曾说："从喷泉里出来的都是水，从血管里出来的都是血。"一个人用什么身份说话，很容易反映他的思想境界，处世的方式，待人接物的态度。如何把握好交谈双方特定的关系而作语言的修饰、调整，以更好地传情达意，这正是提高说话水平的重点之处。

说话要给自己留有余地

《红楼梦》中有这样一句话："身后有余忘缩手，眼前无路想回头。"意思是说人们在风光的时候要给自己留点余地，不然，当你陷入困境的时候再想要回头就不容易了。

"待人而留有余，不尽之恩礼，则可以维系无厌之人心；御事而留有余，不尽之才智，则可以提防不测之事变。"说的就是说话留有余地的作用。待人办事如此，说话更是如此。

有一次，德国大诗人歌德在公园里散步。在一条只能让一个人通过的小道上，他遇到一位自负、傲慢的批评家，两人越走越近，眼看就要头碰头了。"我是从来不给蠢货让路的！"批评家首先发难。"我正好相反。"歌德说完，主动退到路旁，让批评家走了过去。

这个批评家把话说得太满、太死，不留余地，结果自称"不给蠢货让路"的人，自己却扮演了蠢货的角色。

自以为是的人容易把话说满。总觉得自己的见解没有错，不容分辩，不留余地。可是，要知道杯子留有空间，是为了轻轻晃动时不会把液体溢出来；气球留有空间，是为了不会因轻微的挤压而爆炸；人说话留有空间，是为了防止"意外"发生而让自己下不了台。

老李是某超市的采购经理，一天，总经理把一项极为重要的采购任务交给了他，这项采购工作相当困难，总经理问他："有没有问题？"老李拍着胸脯回答说："没问题，包君满意！"过了三天，任务没有任何动静。总经理问他进度如何，他才老实说："不如想象中那么简单！"虽然总经理同意他继续努力，但对他的"拍胸脯"已有些反感。

由此可见，在接受领导分配的任务时，不要说"保证没问题"，应代以"应该没问题，我全力以赴"之类的话。接受他人请求时，最好不要"保证"，应用以"我尽量，我试试看"的字眼。万一自己做不到，还可以给自己留有后路，同时这样说也无损你的诚意，反而更显出你的谨慎，别人会因此而更信赖你，即便事没做好，也不会太责怪你。用不确定的语句可以降低人们的期望值，你若不能顺利地做成某件事情，人们因对你期望不高，最后总能谅解你，而不会对你产生不满，有时他们还会因此而看到你的努力，不会全部抹杀你的成绩；如果你能出色地完成任务，他们往往喜出望外，这种超预期的喜悦会给你带来很多好处。

把握好和上司谈话的原则

看过《三国演义》的人都知道，鲁肃是个说话的高手，他劝说上司时，话都恰到好处地点在关键处，让上司另眼相看。

公元208年，曹操挟天子以令诸侯，到处讨伐。东吴集团也是被曹军攻伐的对象，一时间，是战还是和，大家各持己见。吴主孙权也没了主意，最后，鲁肃一席话，他才下定决心，放手一搏。

孙权召开讨论会，争论异常激烈，鲁肃一言不发，静观其变。直到孙权去方便的时刻，他才跟到走廊下，对孙权说："主公，刚才那些劝你迎曹的人，都是一帮小人，他们都是在为自己着想，是在误你的大事啊。'战'还是'降'都是您说了算，我们做下属的倒无所谓，包括我本人。我在吴国这里给您做参谋，到魏军那里也还不是一个参谋？但您不一样，您是我吴国的元首啊，降曹后曹操会让位给您做元首？非也！要是投降了，您的下场甚至比我们更糟，现在大家给您磕头，到那时您就给曹操磕头了。试想，即便开战，我们有周瑜这样的将才，更有长江天堑，如果再跟刘备他们联手，抗曹成功不是指日可待吗？'战'还是'降'，就看您想要哪种结果了。"鲁肃一席话，孙权顿悟，随即拿刀砍下案几的一角说："但凡再言降者，与此案同！"

再来看周瑜，大战在即，他又和诸葛亮干上了。周瑜对诸葛亮说："诸葛先生，听说你才能出众，我俩对对子，赌命，敢否？"诸葛亮说："军中无戏言，都督请出上联。"周瑜开口便道："有手便是扭，无手便是丑，去掉扭边手，加女便是妞。隆中有女长得丑，百里难挑一个妞。"诸葛亮听了，知道这话是在嘲笑自己的夫人黄阿丑长得丑，便立即应道："有木也是桥，无木也是乔，去掉桥边木，加女便是娇。江中吴女大小乔，曹操铜雀锁二乔。"周瑜知道这话是在奚落自己的夫人，怒发冲冠。就在双方剑拔弩张之时，鲁肃在一边和了句："有木也是槽，无木也是曹，去掉槽边木，加米便是糟，当今之计在破曹，龙虎相斗岂不糟！"周瑜和孔明听了，都不好意思再逞能了。

孙权、周瑜都是自己上司，诸葛亮虽然是外客，但级别也比自己高，鲁肃抓住关键，不破曹，一切都是扯淡，别在这逞能了，有本事，留着对付曹操吧。不仅自己的顶头上司内心震撼，外国贵宾也叹服鲁肃。打这以后，周瑜对鲁肃另眼相看，临死时竭力推荐鲁肃做自己的接班人，诸葛亮跟东吴打了多年交道，最信任的人还是鲁肃。

鲁肃的职场经历给我们启示，作为下属要想和上司顺利沟通，就要掌握成事不说、遂事不谏和既往不咎三个原则。

《论语·八佾篇》中有这么一章：哀公问社于宰我。宰我对曰："夏后氏以松，殷人以柏，周人以栗。"曰："使民战栗。"子闻之曰："成事不说，遂事不谏，既往不咎。"

1. 成事不说原则

成事不说，是指公司或领导已经决定的事情，中层领导就不要评价，不要给出自己的想法和建议，无论你认为这些建议和想法对公司有多大的好处都要坚持不说的原则。但是，在公司做出决定以前一定要把你的想法说出来，这是你的职责，决定事情是公司领导的事，中层领导要认识清楚自己的职责和存在价值，不要给出超越职权的建议和想法，否则受到伤害的是你自己。比如总经理任命了一个分公司经理，虽然你对这个新经理的为人比较了解，知道他不能胜任这个工作，但这个时候你能和领导说吗？如果你说了，就能改变领导的决定吗？如果改变了，领导的权威何在。所以说要在事前，而不是事情已经决定了以后再说。

2. 遂事不谏原则

"遂事不谏"中的"遂事"是指已经定了但是还没有做的事。"遂事"与成事不一样。"遂事"是未做之事，是必做之事，只是还没有去做而已，照现在的话是定了的事，是组织上已经决定了的事情，或者说上级已经确定必做的事情。对于上级已经决定的事，孔子认为"不谏"，不要再劝说了。组织原则上有这样的要求，既个人服从组织，下级服从上级。组织已经决定的事情，个人可以保留意见，但是必须执行。

3.既往不咎原则

既往不咎是对已经发生的事情不要去追究。这是说中层领导要适度地追究责任，而不是什么事情都要追究到最后的责任人才罢休。有些小事情，过分地追究，可能伤害别人的面子和积极性，以后的事情就不好做了。对于已经是过去的事情，对现在又不会产生不利影响，追究还有什么意义呢？这个既往不咎原则对一些聪明人适用，你不追究，对方也知道自己错了，双方都心知肚明。但是对于一些没有自知之明的人，还要经常敲打一下，要追究责任到人，否则对方得不到提高。

巧妙地和上司说"不"

一个简单的"不"字，会难倒很多人。著名作家王朔有一句经典的话："世界上最清楚的关系就是雇佣关系。"面对上司压下的重重重担或者是错误指令，中层领导者往往"心难言，口嗫嚅"，最多只是轻轻嘀咕："要是……如果……"

其实，成熟、自信的人应该明白，独立的人应该有说"不"的权利，只不过，在自己的上司面前，说"不"并不代表反叛，说"不"的前提是理解尊重，是懂得艺术……

对普通人来说，大声地说"不"本来就是一件不那么容易的事情。更何况在这种严格的上下级之间，对上司说"不"，那就更不容易了。这不仅需要莫大的勇气，而且需要一定的技巧和方法，不然完全有可能引发一场人事灾难。

1.要选择适当的时机

在对上司提出否定意见的时候，选择适当的时机至关重要。比如，在决策已经造成损失的情况，提出自己原本早该提出的意见，不仅于事无补，还会引起上司的不满，成了马后炮。因此，当你提出否定意见时，应该选择恰当的时机。一般说来，作为下属把握时机提出否定意见时要注意以下几点：一是要善于在上司的思路正在形成时说"不"；二是要善于在上司的决策尚未实施时说"不"；三是要善于在班子成员意见一边倒时说"不"。

2.选择适当的方法

当你的上司对自己犯的错误或即将犯错误并未察觉的时候。批评的方法要注意。尽量在私下说"不"。作为上司，他需要保留对所有下属起组织、领导作用的资格和尊严，因此尤其需要保留面子，从某种意义上说，维护尊严是所有人的一种本能，所以，私下说"不"，能维护上司的尊严，也利于上司的接受。

3. 采取"三明治策略"

任何人在听到批评时，总不像听到赞美那样舒服。所以向上司提意见，如果一开口就说"不"，尽管你说的是对的，但却往往达不到预期效果，不能顺利地被上司所接受。这时就要采取一定的策略，不妨首先对上司的决策、意见中的合理部分或良好的动机赞美一番，然后再策略地对其不合理部分或不良后果说"不"，并尽量使谈话在友好气氛中结束，最后再使用一些赞美的词语做结束语。这种两头赞扬、中间批评的方式，就是"三明治策略"。用这种方式对上司说"不"，可以减少冲突，达到预期的效果。

4. 幽默说"不"的方法。

面对对方的指责，如何巧妙地拒绝，幽默地说不，是有一定艺术的。

某白酒公司的产品在抽检中被怀疑有分量不足的产品，对方趁机以此为筹码不依不饶地讨价还价。该公司代表微笑着说："如果你们提货后能将那瓶分量不足的白酒挑出来给我，我买下后与贵方负责人一同分享，这可是你们享用免费好酒的机会哟。"

这样幽默拒绝不仅转移了对方的视线，还阐述了拒绝的理由，即合理性。

5. 委婉说"不"的方法

在否定上司的意见或建议时，要注意态度，不要粗暴地顶撞或者表现出不耐烦、不屑一顾的样子，而应该以平和的心境和口吻与上司交换思想，说服其收回或改正不正确的想法和要求。

例如，在"晏子使楚"的故事中，楚王见到晏子个子不高、其貌不扬时，便存心取笑侮辱他，令人叫他从狗门进入。晏子委婉地指出出使大国应走正门，只有出使狗国才走狗门，从而迫使楚王让他从正门进入。可以说，晏子的这种方式就是委婉说"不"的典范。

6. 引导说"不"的方法

这种方法就是对上司的一些不正确的想法和做法，通过商讨、分析、对话的形式，循循善诱，帮助上司认识不足之处，使上司自己主动说"不"，放弃不正确的想法和做法，并自己得出你想要说出的正确结论。这是作为下属说"不"的最高艺术。

有一位中层经理丽莎，她在一家很大的金融公司工作。有一天丽莎接到老板起草的一份两页长的计划书。她认为这个计划很有可能增加成本或者会引起客户和员工不满，总之不切实际，而且无法实施。但她明白这是一份来自老板的计划书，因此她必须谨慎对待。

根据经验，丽莎意识到在和老板碰撞以前需要进行"冷处理"。她过了一天之后才采取行动（但实际上她已经选择了错误之路）。第二天早上，丽莎来到老板的办公室，告诉他这个计划书不切实际，无法执行。"不可能，你尽管按此去做吧。"老板回答道。"我认为应该重新考虑。"丽莎坚持自己的意见。而老板的回答是"不行"，没有任何商量余地。丽莎事后反省自己，她的举动在一开始就让老板有了防备之心。实际上，她让老板感觉到自己似乎不够资格管理这一切。她明白自己应该选择另外一种方式。

于是，她询问老板能否为此项计划书召开一次会议，以便让她自己和同事都能更好地理解这个计划的目的和如何执行。老板很乐意，马上确认开会时间。丽莎带着笔记本来到会议室，她首先请老板讲述公司需要达到的目标，然后在现场提出了很多问题，请老板帮助自己澄清对此计划的理解。在确信自己完全理解老板的意图之后，丽莎在会上用自己的话重新勾勒了公司所要实现的目标（这样有助于让老板知道丽莎已经完全理解了自己的目标）。

然后丽莎提出希望补充一些新建议，并愿意加班在规定时间内交给大家讨论。老板同意了。这样，故事就换了一个结尾，老板最后采用了丽莎的计划书，并在公司贯彻实施。

如果说作为中层领导总是害怕得罪上司，而做个唯命是从的下属，对错误的决策不敢说"不"，结果不但会失去自我，还会失去别人的信任和尊重，影响自己的前途和事业。

说服上司的 5 种技巧

上司有时难免犯错，作为一个有责任感的下属就应该及时提醒上司到底哪里不对。但由于彼此地位和职务的差异，作为下属的中层领导，说服上司跟说服同事以及竞争对手大不相同，要想成功说服对方，你还得费点工夫。

小张是一家超市的仓管员，他一边工作一边留心观察。他发现面包的生意很好，可就是不赚钱，原来是因为代销的面包进价太高。他想：如果要是改由超市自己做面包，成本会很低，利润就大了。

于是，他写了份详尽的计划交给超市总经理。哪知总经理很冷淡地对他说："小张，你是个保管员，你把自己的工作做好，不给我添麻烦就行了。"一天，超市里来了一个美国人，在超市里转了一圈后，对总经理建议超市可自己做些糕点之类的卖，打超市的品牌，生意会很好的。总经理听后，非常重视，连忙召开大会，研究具体改进方案，并找小张说："小张，面包方面的事由你负责，要赶快办！"后来面包生意果然不错，赚了不少钱。总经理很满意。这时小张找到总经理说："经理，你得给我 2000 元！因为那个美国人是我花 2000 元从大学里雇来的！"

由此可见，说服他人是一种艺术，就如同巧妙说服犯了错的上司，而不是怀才不遇地发牢骚，是成功者必备的素质和能力。

1.选好说话的时机

心理学研究表明，人们处在不同的心情下，对于否定意见的接受程度也大不相同。在你决定要去说服你的上司之前，最好先向同事打听一下他今天的心情状态如何。如果他的心情非常差，就不应该再向他提出什么要求。因为在这种情况下说服成功的概率很小，你还有可能给上司留下个不好的印象。

2.提出合理化建议

作为一个上司，他需要知道或是记住的东西实在数不胜数，每天要考虑的事情太多了！因此，如果你总是不能提出行之有效的合理化建议，最后你就会发现你常常被上司的秘书阻拦，因为你在浪费上司的时间，也会招致上司对你的厌烦。

3.提出有力的证据

说服上司切忌凭"三寸不烂之舌"，那是没有说服力的。正所谓事实胜于雄辩，你必须提供权威的证据来帮助说明。如果向上司提供可靠的资料而不是你个人的看法，这会增加你的说服力。同时，多数人受到证据来源的影响很大，所以，证据的来源要真实可信，要具有权威性。

4.尊重对方的感受

纵观那些优秀的劝说者，他们总是首先和对方建立一种信任关系。如果你的上司为某事烦恼，你就说："我理解你的心情，要是我，我也会这样。"这样就显示了对上司感情的尊重，他就会对你产生好感，你说服的话才能继续进行下去。想要和上司达到成功的互动，了解他工作的苦衷对你会很有帮助。假如你能设身处地地为他着想，那么他自然也会帮你的忙。

5.清楚地表达自己的观点

沟通不畅的一个主要原因就是没说清楚自己的想法。因此中层领导必须把自己的观点讲得简单明了，以便上司可以准确地理解。有些员工极少会和上司发生争执，但是当他认为重要的事情遭到上司否定的时候，他会把自己的观点写在纸条上，请上司考虑。这种做法有助于冷静地说明问题，而且也很有劝诚的效果。

总之，说服他人的技巧并不是与生俱来，都是需要通过后天的学习来提高的个人能力，所以，只要认真学习，掌握说服技巧，你的说服能力就会不断提高，你也会成为上司器重的人。

与平级领导交谈有技巧

我们知道，平级在工作中的交流是非常重要的，因为现代企业最大的特征，就是离不开部门之间的协调。平级之间沟通顺畅了，企业的流程运作就非常顺畅。这是因为，流程中出现问题无非两个原因：要么是在信息传递过程中出现了失误；要么是流程不能高速运转。这些问题的出现，可能不是一个部门、一个人的原因，而可能牵涉几个部门、一些人。这些问题需要不同部门的管理者出面协调，才能解决。所以说，平级之间的交流是否顺畅决定着企业是否正常、良好地运转。

一个公司要上一个新产品项目，总经理决定从公司各职能部门抽调人才组成专项小组，于是营销部主管、财务部的主管、人力资源部的主管等共12个部门主管进入了专项小组，由营销部主管任专项组组长。计划安排好，时间表发到了每个人的手上后，营销部主管根据时间进度表，让自己的下属通知相关部门主管开项目专题会议，结果12个人中，4个部门主管有事情请假。后面专项组工作开展的难度之大就可想而知了。在上级压力和平级主管的推、拖之下，营销部主管只得向总经理诉苦。在各方权力较量之下，营销部主管得到的是公司的一纸解聘书。新产品项目由总经理亲自负责，并按时间进度顺利完成了。

上述案例中发生的事情，在企业中是常有的。很多中层管理者都在说，"我每天要考虑如何完成部门的任务和部门建设，还要用心和平级的领导相处，真是累呀！"

一般来说，平级沟通有如下三种模式：

第一，是退缩式沟通（失败的）。没有自信，总觉得他人比自己强，害怕沟通带来不良后果，采取退缩行为。

第二，是侵略式沟通（不好的）。总觉得自己的部门比别的部门强，处处压制别人。应该收敛，不然在工作中会失去大家的支持，这很危险。

第三，是积极式沟通。其一坚持必须坚持的原则，清楚自己的底线和应该承担的责任；其二捍卫自己必须捍卫的权力；其三对违反公司规则的行为可以反对、不支持；其四支持别人的合理要求，尊重别人的沟通欲望；其五沟通过程和结果强调互惠；其六必要时学会让步，因为不同的部门有各自的利益所在。

平级交流是有困难的，这是因为平级部门利益不相关，部门领导隶属于不同命令体系，这就无形中给交流增加了难度，因此大家要了解平级之间沟通的困难，为了理顺平级之间的关系，请注意如下一些事项。

第一，无事也沟通。很多中层领导都是有事时才去和其他部门领导沟通，无事时老死不相往来。记得没事时多走动，别到求人时才登门。

第二，同级好说话。现在我们来设想一个情景：市场部找人力资源部有事情，一个市场部的员工对人力资源部经理说："我们经理说，下个月有一个公司大型促销活动，需要你们找一批促销员。"作为人力资源部经理的你，遇到这样的事情，你会感觉怎么样？所以，我们自己都不能接受的，别人肯定也是难以接受的。

第三，角色要知道。自己在职场，要知道自己的角色，角色要放对，让别人嫉妒你的是你的专业技能，让别人佩服你的是你做人做事的正气。

获得下属爱戴的语言技巧

上司的一句话有时候会给下属带来非同小可的影响，特别是在下属犯了错后，处理好了下属感恩戴德，对你敬爱有加，处理不好则会引发一系列不可预知的后果。

李达与苏红是一家IT公司的两名高管，由于在一款软件的开发理念上出现了严重的分歧，两人发生了不可调和的矛盾。苏红给董事长打小报告，说李达怎么怎么不好。没多久李达也打电话给董事长说苏红怎么怎么不好，这时智慧的董事长就说："好，我明白了，听懂了。"这时李达感觉被理解了，情绪平缓下来后，董事长对他说："李达，我需要你帮我完成一个任务，这个任务在你能力范围之内，你愿不愿意帮我？"李达说愿意。"那好，你帮我从苏红身上找10个优点出来，相信你答应我的，一定能办到。"这时李达骑虎难下也只能不情愿地说好。

一星期后，董事长在一场培训会上，突然叫李达把那天交给他的任务上来公布一下，李达只好当着众人的面难为情地站起来说："苏红工作认真、对朋友负责、对客户热情……"当李达说到第六个的时候，苏红的眼泪唰地流下来了。会后，两人也和好如初了。这件事情就在董事长高超的智慧中得以解决了。李达和苏红对董事长更加爱戴，工作也更加努力。

但并不是每个人都能在下属面前坦然自若地说出有技巧性的话，受到下属的拥护和爱戴。因此，要想成为一个受人爱戴的领导，就要努力做到以下几点：

1. 讲话时情绪要饱满

领导说话之前一定要调整好自己的情绪，给人以精明干练的印象。这样才会使自己充满自信，同时博得听众的信任，使自己说出来的话有分量。古希腊著名的哲学家亚里士多德曾经说过："一个充满了感情的演说者，常常使听众和他一起感动，哪怕他所说的什么内容都没有。"所以说良好的精神状态不仅能吸引听众的注意，还能打动听众。

2. 提出创造性的主见

提出创造性的建议不需要优美词句，也不需要引经据典长篇大论，而是你在洞察了实际情况之后，运用你灵活的头脑提出的好见解。这可以从四个方面去努力，其一，你可以对他人提到的某个说法进行修改提炼，切中大家的心愿或点破大家的迷津，从而表达你的创见；其二，通过对大家熟知的谚语、警句的分析，来亮出你的观点，你的创见就能给人以深刻的印象；其三，要善于学习，集思广益，努力用最新的而又恰当的词语去组织你的语言；其四，适当使用设问、反问等方式来强调你的创造性见解。

3. 激发大家的积极性

不会憧憬的领导难以鼓起下属的信心，不敢提出希望和要求的领导是大家心目中的懦夫。能够憧憬美好明天和果断提出要求的领导才能受爱戴。憧憬的目标的提出要切合本单位或组织的实际，最好用浓缩的警句式的语言作为结语，因为此类的言语能较好地激发下属的积极性，从而提高你的威信和声望。

4. 学会与听众沟通

讲话是一种双向交流。好的领导会在自己说话时观察听众的表情、情绪的变化，以此判断自己话语的效果，并会进行相应的调整和改进。因此，要学会与听众交流，随时注意听众的反馈信息，这样你说的话才会起到预期的效果。

赞美下属的话要这样说

如何通过语言快速与人建立一种友好的关系？有人觉得赞美是一种有效的方法。予人玫瑰，手有余香！赞美的语言或许不用太多，但收到的效果却是惊人的。

日本松下电器总裁松下幸之助有一次在一家餐厅招待客人，一行六个人都点了牛排。等六个人都吃完主餐，松下幸之助让助理去请烹调牛排的主厨过来，他还特别强调："不要找经理，找主厨。"助理注意到，松下幸之助的牛排只吃了一半。

主厨来时很紧张，因为他知道请自己的客人来头很大。"是不是牛排有什么问题？"主厨紧张地问。"烹调牛排，对你已不成问题，"松下幸之助说，"但是我只能吃一半。原因不在于厨艺，牛排真的很好吃，你是位非常出色的厨师，但我已80岁了，胃口大不如前。"

主厨与其他的五位用餐者困惑得面面相觑，大家过了好一会儿才明白怎么一回事。"我想当面和你谈，是因为我担心，当你看到只吃了一半的牛排被送回厨房时，心里会难过。"

如果你是那位主厨，听到松下幸之助的如此说明，会有什么感受？是不是觉得备受尊重？客人们也被松下幸之助的人格魅力所折服，更喜欢与他做生意了。

由此可见，赞美不要你精心构思，有时候哪怕是极为简单的一句话，对别人来说也是一种莫大的鼓舞。要想成为一个成功的领导者，就要充分调动下属的积极性，而表扬就是调动下属积极性的最好方法，所以只要掌握表扬下属的7大技巧，你就会取得事半功倍的效果。

1. 尽量以"公开"的形式赞扬下属

当众赞美下属，对被赞美的下属而言其受到的鼓励是最大的，这是一个赞美下属的好方式。作为中层领导，在你采用这种方式时要特别的慎重，若被赞美的下属得到大家客观的认同，其他人难免会有不满的情绪。因此，公开赞美最好是能被大家认同及公正评价的事。例如，业务竞赛的前三名、获得社会大众认同的义举、对公司产生重大的贡献等，这些值得公开赞美的行为都是公平、公开竞争下产生的，或是已被社会大众或公司全体成员认同的。

2. 表扬的话要及时说出

一发现员工的优点，就立即赞美他，这种赞扬与"趁热打铁"同理，易被对方接受，起到鼓励的作用。

3. 表扬的理由要充分

如，"小李，你今天的辛劳没有白费，你为公司争来了一笔生意，我代表公司感谢你，你现在是我们部门的业务骨干了"。如"小王，昨天上午你处理顾客退货问题的方式非常恰当"。这种赞扬是你对下属才能的认可。赞扬时若能说出理由，可以使对方感受到你的赞扬是真诚的。

4. 赞扬的内容要具体

赞扬要依据具体的事实评价，除了用广泛的用语如："你很棒！""你表现得很好！""你不错！"最好要加上具体事实的评价。例如，"你的调查报告中关于技术服务人员提升服务品质的建议，是一个能针对目前问题解决的好方法，谢谢你提出对公司这么有用的办法。""你处理这次客户投诉的态度非常好，自始至终婉转、诚恳，解决问题的方式也很合理，你的做法正是我们期望员工能做的标准典范。"

5. 充分肯定下属的劳动

记者李浩在一次竞赛中获得年度新闻稿件一等奖。他的领导立即给予了李浩较高的评价："李浩，表现不错，你的那篇稿子我拜读过，文笔流畅，观点突出。好好努力，会很有发展的。"李浩领导的这种赞扬使下属认识到了自己的价值，从而对自己充满信心，同时还使下属领会到领导对自己付出劳动的一种肯定，产生"知己感"。

6. 表扬要对事不对人

表扬下属最好是就事论事，哪件事做得好，什么地方值得赞扬，说得具体，见微知著，才能使被表扬者高兴，易引起情感的共鸣。这种表扬方法，可以增强下属的成就感。如"你今天在会议上提出的维护公司声誉的意见很有见地"。这种称赞比较客观，容易被下属接受，同时也使下属感到领导对他的赞扬是发自内心的。

7. 表扬和批评要分开说

有些领导对员工的一般表扬很像工作总结，先表扬，然后是"但是""可是"一类的转折词，这样很可能使原有的夸奖失去了作用。明智的领导应当将表扬、批评分开来说，不要混为一谈。

总之，赞扬的力量是巨大的，称赞可以激励下属们不断努力、再创佳绩。对于领导来说，表扬下属不需要花费多少本钱或代价，却能很容易地满足一个人的荣誉感和成就感，从而作为一种动力激励下属努力工作，聪明的领导何乐而不为呢？

批评下属也要讲究技巧

有赞扬就应该有批评，批评也是一种必要的强化手段，它与表扬是相辅相成的。不过，作为一个现代社会的领导者，批评的同时就应该尽量减少批评所产生的副作用，减少人们对批评的抵触情绪，从而保证批评效果能尽可能理想。

约翰·卡尔文·柯立芝于1923年成为美国总统，他有一位女秘书，人长得很漂亮，但工作中却常因粗心而出错。一天早晨，柯立芝看见女秘书走进办公室，便对她说："今天你穿的这身衣服真漂亮，正适合你这样漂亮的小姐。"这句话出自柯立芝口中，简直让女秘书受宠若惊。柯立芝接着说："但也不要骄傲，我相信你同样能把公文处理得一样漂亮的。"

果然，从那天起，女秘书在处理公文时很少出错了。一位朋友知道了这件事后，便问柯立芝："这个方法很妙，你是怎么想出来的？"柯立芝得意扬扬地说："这很简单，你看见过理发师给人刮胡子吗？他要先给人涂些肥皂水，为什么呀，就是为了刮起来使人不觉得痛。"

这个故事后来被管理学界称之为"肥皂水效应"，就是将批评夹在赞美中。将对他人的批评夹裹在前后肯定的话语之中，减少批评的负面效应，从而使被批评者愉快地接受。

人非圣贤，孰能无过？下属在工作中犯错是难免的，这时领导就必须及时提出批评，纠正偏差，保证工作目标的顺利实现。所以，领导适时、恰当地批评下级不仅是必然的，而且也很重要。领导者要注意遵守以下批评的原则。

1. 肯定下属做得好的地方

每个人都是有自尊的，所以，在批评下属之前一定要慎重，不妨先肯定一下下属做得好的地方。如果直接批评下属的话，会让下属难以接受，还可能会让下属找各种各样的理由来辩解。如果首先肯定一下下属做得好的地方，再进行批评的话，下属更容易接受。

2. 控制自己的情绪

在批评下属的过程中，一定要控制好自己的情绪。很多人一遇到下属出错了，就会大发脾气，这种情况下，在批评下属的时候，言语上就会很重，这样容易伤到下属的自尊。所以在批评下属的时候，一定要控制好自己的情绪，尽量让自己的语言温和一些。

3. 批评下属要及时

前文提到，赞扬下属要及时，批评下属也一样，也要及时。员工的不好行为没有得到及时的警告和纠正，员工在工作中也就不会重视自己的错误，从而影响工作质量。

4. 批评要对症下药

作为管理者，批评下属务必对症下药，切忌"一视同仁"。在批评前，首先要做的是分清楚下属的类型。对那些上进心强的下属，不需要严厉的批评，俗话："好鼓不用重锤。"只需要在下属犯错的时候提点两句就可以，这样的下属会自己找到问题所在并及时改进。对于那些上进心不强的下属，批评时一定要严厉，并告知下次再犯此类错误的严重后果。对那些敏感、脸皮薄的下属更要注意方式方法，他们往往自尊心比较强，如果在大庭广众之下批评他，可能会产生相反的效果，因此，对于这类人最好的办法是迂回战术，旁敲侧击，不要太过于直白，也不要在人多的地方批评他们。相反对于钝感的下属，如果采用旁敲侧击的战术，他们有可能听不懂关键所在，因此最有效的方式是采用最简单、最直接的方式。

5. 批评要掌握适当时机

作为领导，在发现下属有错误时，要掌握批评的时机，切忌对下属正面批评，因为这样会令下属很尴尬，对你产生抵触情绪。这样也不利你以后领导工作的进行。当你要对下属进行严厉批评时，请预先跟当事人约好一个时间，同时用简单的话先点他一下，让对方有心理准备，这样你也可以提前思考一下对事件的处理方法。要知道，适时的批评可以令受批评者较易接受，免除尴尬。

6. 站在下属的位置多说鼓励和支持的话

如果想要恰当的批评下属，在批评下属的时候，一定要站在下属的位置，多体谅一下下属的环境和难处，和下属说一些安慰的话，这样比直接的批评和指责，更容易让下属主动改正错误。

7. 批评要对事不对人

法国启蒙思想家伏尔泰有这样一句话："我虽然不同意你说的每一个字，但是我誓死捍卫你说话的权利。"这句话道出了批评要对事不对人的真谛。

A公司汪总在公司被称作"冷血人"，他的下属没有一个不怕他。无论做什么事情，他们都很小心翼翼，没有一个敢马虎的。汪总做事有板有眼，脾气也很火爆。只要谁做错了事，都难逃他的严厉批评。

尽管如此，公司上下无一人讨厌他。每次当员工们讨论汪总的时候，他们都会说："汪总的批评是对事不对人，是为了让我进步。"

身为中层领导，批评下属是在所难免的，但是你一定要坚守一个原则——对事不对人，否则就会伤害下属的自尊心，令批评的效果大打折扣。

对此，日本著名的管理学家大前研一明确指出：领导如果做到对事不对人，就不会在乎自己的立场。因为事实出现之后，你就会忠于事实，坦然接受这个事实。不能忠于事实，不但无法洞悉问题的本质，也不可能走完找到正确解决方案的过程。

所以，无论下属做错了什么，你都要批评这件事，以给他警示，但要就事论事，不能因为这件事就诋毁他的个人能力与人格，把他说得一无是处。

第九章

高度协同才能打开工作局面

同级领导之间有竞争和摩擦是不可避免的。作为一个高明的中层领导，应当懂得如何把这种摩擦降到最低限度，应当学会如何把这种竞争导向对自己有利的方向。这就需要与同事以诚相待，只有真诚才能换来高联动的团队。

在竞争中获胜的法宝

在职场里，中层领导的危机感要比普通员工大得多。众人的拥护、上司的垂青、同级的支持都是中层领导需要争取的，可以说，公司里任何一个有能力的人都是你的竞争对手，可是，卧榻之侧，岂容他人安睡，要想保住自己的优势地位，就必须拥有能在竞争中获胜的手段。

1. 必胜的信念

必胜的信念是战胜一切困难和对手的精神武器。尤其是管理人员，经常会遇到各种强势的对手和棘手的事情。面对竞争对象，你首先要做到的就是建立优势的心理基础，这种心理基础，就是必胜的信念。当然信念不是无本之木。信念的建立，需要建立自己的价值支撑点，充分了解自己的优势和看清对手的劣势。

2. 要塑造良好的形象

适时表现出组织才能和领导才能，要展现三种领袖特质，即拥有广博的知识，适时创造动能，关注组织中的每个成员。

3. 要营造良好的人际关系

难以想象，一个没有士兵拥护的"光杆司令"能打胜仗。现代社会，要求每个人必须具有良好的合作精神，在团队协作中表现出色，这样才能让自己左右逢源、从容面对困难。

4. 要有别人没有的专长

要成为众人之首，就必须非常清楚自己的不足、所长，这样才能有的放矢，扬长避短。拥有别人没有的专长，才能巩固你在职场的地位，加重你的砝码。要努力做一些出彩的成绩，成为公司上下都念念不忘的经典。

5. 要发扬团队精神

团队精神是现代组织的核心，团队作业又是现代组织最重要的成长方式。作为企业的中层领导，要想办法确认每个人都了解、接受团队目标，将组织中的工作公平地分配给每个人。

6. 要做沟通专家

要时刻处于一种良好的沟通状态中，这并不意味着要喋喋不休地主张和表达什么，善于沟通其实只是在适当时机、用适当语言和适当的态度说话。

7. 学会在"盲区"中大显身手

管理学家告诉我们，要想成为焦点，就要在组织的灰色地带做一颗闪闪发光的星。灰色地带是指企业中由管理权限所造成的部门之间的管理盲区，如何在这一地带闪闪发光呢？那就是率先行动。这通常意味着你要从事原有工作范围之外的任务，主动帮助别人，并且还要出色地完成任务。

当然，参与额外任务前，必须确定自己有把握做好分内的工作，而且这项额外任务必须和公司核心理念有关。这样，你的出色表现才会备受赞赏。

8. 要避免卷入冲突

不让自己卷入组织中的冲突，学会机智地保护自己，不做无谓的牺牲。睁大眼睛观察和了解所在组织的文化背景及人事网络。这种时候，机灵一点儿没什么不好，也只有机灵一点儿才是这种情况下最正确的人际关系准则。

学会欣赏你的竞争对手

竞争可以说充斥在生活的每个角落，那么对竞争中的对手你该怎样看待呢？对于你的对手，请记住一点：对手不一定就是你的敌人，他们有可能是你前进的动力、朋友乃至知音。

1991 年 1 月 3 日晚，美国大选揭晓，当选总统克林顿在竞选总部楼前对他的支持者们发表即席演说，先是言辞恳切地感谢昨天还在与他互相唇枪舌剑的主要政敌布什，感谢布什从一名战士到一位总统期间为美国做出的出色服务，并呼吁布什和另外一位对手佩罗以及其支持者与他的团队合作，在他未来 4 年重造美国、振兴美国的大变革中继续忠诚地服务于祖国。而远在异地的布什则打电话祝贺克林顿成功地完成了一场"强有力的竞选"，他还不无幽默地告诫克林顿："白宫是个累人的地方。"并保证他本人和白宫各级人士将全力以赴地与克林顿的班子合作，顺利地完成交接工作。

对于布什和克林顿来说，他们都保持了豁达的心态，这种心态也使他们获得了一个朋友。

生活中我们只知道为自己的成功而欢呼雀跃，而对对手的成功却麻木不仁，甚至嗤之以鼻。为自己叫好当然很容易，但是为对手叫好却很困难。

曾经有人采访"飞人"乔丹，把他和当时的一位篮球新秀作比较，乔丹说："我投三分只能用右手投，左手还必须托住右手，而他无论是左手还是右手，都可以发挥得游刃有余。"乔丹这种欣赏对手的心态，需要豁达的胸襟与敢于自省的气魄，他知道自己的不足，欣赏对手的长处，所以他才会成功。

韩非乃战国时期韩国的贤才，秦王惜才就想把他收为己用。韩非到秦国后就上书秦王，陈述他富国强邦之策。秦王被韩非的治国才能深深地打动了，于是赐予韩非高官爵禄，留任了韩非。

韩非在秦国受到重用，这无疑引起了其同窗李斯的极度恐慌。李斯明自知才华不及韩非，现在两人又共事一主，日后自己必回被韩非所替代，职位难保矣。

李斯经过一番思谋后就向秦王进谏："韩非是韩国的贵族，大王的事业是要统一国家，当我们要攻打韩国时，韩非必定会帮助他的国家。那时，韩非就会成为大王实现大统的巨大障碍。倒不如找个罪名把他杀了，以免日后为患。"

秦王听信了李斯的谗言，便借机将韩非囚禁起来。李斯担心秦王惜才而把韩非释放了，于是，暗自派人用毒药毒死了韩非。

妒贤嫉能的李斯害死了竞争对手韩非最终自己也死于非命。如若他能够善待韩非，和韩非一起应付残暴的秦王，日后说不定韩非会知恩回报于他的。李斯拘于一时的短浅之见，他看不到长远之势，最终招致祸端也就不难理解了。

学习对手，需要一种宽容；欣赏对手，需要一种境界。对手是上帝馈赠给你的朋友，有了它的存在，你的画卷才更灿烂夺目。欣赏对手或者打击对手，往往在一念之间。没有强大的对手，就没有超越自我的激情；没有竞争的成功只是运气；只有在对手如云的竞争中脱颖而出，才能证明你真正的实力和能力。有了对手，才能拓展你的思维、开阔你的视野，让你时刻保持进取之心。

功劳被抢要巧妙处理

职场如战场，争抢功劳在职场上很常见。当你挖空心思想出一个好主意，或是你的勤奋工作为公司发展作出了极大贡献时，却有人试图把这份功劳归为己有。这样的事情，你是不是遇到过？

赵蓉在一家外贸公司做外贸专员，每天都要面对很多国外客户。这天，公司来了一个美国商人，主管想亲自接待一下，但是和美国商人谈了很久以后，主管觉得这个美国人根本不想真心合作，不想再浪费时间在这个人身上，于是就让赵蓉接着接待这个美国商人。

赵蓉明知免费的生意肯定是难啃的骨头，出于认真负责的态度，赵蓉还是尽心尽力地为客人介绍业务。经过几番谈判后，美国商人被赵蓉热情的接待打动了，决定购买公司的产品，只要价格再降点就更好了。于是赵蓉就去向主管请示，看能不能再有优惠。

主管一听这个美国客户还真有意向，就马上让赵蓉把客户带来见他，然后让赵蓉去忙其他事情了。几天之后，主管在晨会上宣布，他费了很大劲终于和一家美国公司签了一笔巨额合同，整个述说过程中，主管并没有半个字提到赵蓉，赵蓉这才恍然大悟，自己辛苦谈来的业务已被主管抢了。

如果你是赵蓉，你该怎么办？其实，在被上司抢功时，无论是默默地忍受，还是冲动地跑到上司面前控诉，其结果都是得不偿失的。那么，在遇到喜欢抢功的上司时，身为中层的你，该如何处理呢？

1. 可以用短信澄清事实

短信最好的一个特点就是，它避开了双方言语、表情上的冲撞，而是通过文字的方式传输信息。所以，你要想避开和对方的正面冲突，发个短信是再合适不过的了。但要注意，短信的内容切忌攻击对方，让其产生不悦。短信内容应委婉，起到提醒对方的目的。在短信中适当的地方，你可以写上有关的日期、标题，必要时还可以引用一些书面证据。短信结束时还要不忘建议进行一次面对面的讨论，这一点是很重要的，这能让你有机会再次含蓄地加强一下你的真正意思：这主意本来是出自我手的。

2. 先夸赞对方，再重申功劳是自己的

说这番话的时候，首先要对这位同事独一无二的才能和见解大加赞赏。重申一下，你的同事也是想方设法要干好工作的，而且他（她）对要做的事情也有独到的看法，然后，再说出事情的原委，让大家明白功劳究竟是谁的。

当你觉得这个方法比较适合你使用时，你就应早点行动，如果等别人把你的想法散布开时再行动，问题就不好解决了。

3. 退出争夺战

俗话说，退一步海阔天空，让时间去说明一切吧。

玛丽和安娜两个人在一家公司工作，平时关系相处得很不错。年终，公司搞推广策划评比，每个人都可以拿方案，优胜者有奖。玛丽觉得这是一个好机会，经过半个月的深入调研，加上平时对市场工作的观察和思考，很快做出了一个非常出色的策划案。

方案征集截止日的最后一天，安娜突然让玛丽帮她看看方案、提提意见。玛丽连想都没有想就答应了。安娜的策划很是一般，没有什么创意，玛丽看完

没好意思说什么。安娜又要求看玛丽的方案，玛丽就自然地让她看了。

第二天开会，安娜因为资历老先发言，谁知安娜讲述的方案跟玛丽的方案一模一样，在讲解时，她还对老板说："很遗憾，我现在只能讲述自己的口头方案，电脑染上病毒，文件被毁了，我会尽快整理出书面材料。"

玛丽目瞪口呆，此时她无法把自己的方案交上去了，也不敢申诉，因为她资历浅，怕老板不相信自己，只好伤心地离开了这家公司。

安娜的方案获得了老板的认可，但因为方案不是她自己的，有些关键点不清楚，在执行方案时出了漏洞，结果失败了。后来老板得知她是抢的别人的方案，就无情地炒了她的鱿鱼。

别人的终究是别人的，不属于自己的东西即便抢回来，也是终究无法落实。待真相大白时，还会失去他人对你的尊重。这样的人，到最后只能是既损人又不利己。

身为中层领导做人要坦坦荡荡，不是自己的功劳，就不挖空心思去占有，不抢功、不夺功，这样的人不仅人际关系好，而且会永立于不败之地。

如果自己的功劳被别人抢去了，一定要三思而后行，要选择正确的方式，不要选择过激的行为。

受到排挤要灵活应对

中层领导在一个团体中具有举足轻重的作用，同时，中层也是竞争最为激烈的职位，很多中层都为来自平级的排挤而烦恼。

丽娜是前任总经理的助理，自从总经理换人，就被踢到了办公室主任的打杂位置上。有人或许是记恨她往日的强硬态度，又或许看轻她二级主管的位置，总在有意无意中排挤她。眼看生存空间越来越小，连办公室主任也做不安宁，丽娜决定背水一战。她准备了一本材料，直接来到新总经理的办公室，侃侃而谈，献计献策，并大表愿意为公司发展竭尽全力的决心。新老总赫然发现前任为自己留下了一个不可多得的人才，大表赞赏，任命丽娜为市场部经理。原来排挤丽娜的同事们自然偃旗息鼓了。

丽娜其实是幸运的，她遇到了一个能欣赏她才华的一个新老总。试想，如果丽娜跑到新老总那里去展示的时候，新老总不买她的账该怎么办？

遇到同事排挤，你首先要做的事情就是分析被排挤的原因，看问题出在哪里。这些原因不外乎以下几种：

第一，近来上司对你关爱有加，同事妒忌心骤起，排挤就出现了。

第二，你的一些"硬件"给他人造成了危机，比如你的高学历、有背景、相貌出众、能力过人，这些都可能让其他人心生嫉妒。

第三，你衣着标新立异，肆意言谈，爱出风头，容易让同事尴尬。

第四，和上司走得太近，疏于和同级沟通。

第五，你妨碍了同级获取利益，比如深造机会、加薪等。

如果是属于第一、第二条，被排挤是很正常的，换句话说，能招人妒忌那说明你有能力。但要平息他人的排挤，你就得想点招数，比如，你越是受上司喜爱，越是出色，你对人的态度就越要和蔼亲切，让同事们感觉到你并没有恃宠而骄，是一个很务实的人。另外，你可培养自己的说话能力，收起以往冷冰冰的面孔，要和同级打成一片。

如果是属于第三、第四条，那你就要反省了，因为问题不在他人，而在你身上，如想令同事改变看法，就必须自己做出改善。平时不要乱发一些惊人的言论，即使你领导的部门业绩突出，也要学会当听众；衣着也应符合身份，不要过于招摇，和别人保持一致，才不至于成为同级眼中的异类。

如果是属于第五条，你要注意你做事的分寸。加薪、培训机会甚至上司的一句口头表扬都是同级想获得的奖励，虽然大家非常努力地工作，但彼此心照不宣，谁都想获得奖励，得到上司的信赖和重用，甚至是与上司关系亲近也是大家共同努力（或者说是争夺）的目标。

能够获利当然令人向往，但做人不要把利益看得太重，更不要和同事争名夺利。塞翁失马，焉知非福，得到了不一定是好事，失去了也不一定是坏事。明白了这个道理，还有什么可争的呢？

俗话说，"木秀于林风必摧之"，所以，要尽量收起自己锋芒，踏踏实实做事才是王道。

对待"小报告"要多动脑筋

"小报告"是指一种非正当的举报行为，或是内容不正当，或是动机不正当，或是手段不正当，抑或是这几种情况兼有。"小报告"不是现代职场的产物，早在古时候就有，只不过那时还没有这个名称，而是被叫作"进谗"。"谗"者，坏话也。之所以称"进"，大抵因为要说别人坏话，当然有一定的目的，为了实现这个不可告人的目的，进谗者就要找那些能足以影响被谗者命运的人听，这种人一般都是身居要职。把谗言讲给这些人听，所以称之为"进"。

在一个单位中工作，难免会有得罪他人之处，如果被你得罪的人是"小人"，你不得不防他在领导面前进你的"谗言"。如果被谗言击中，那样你的日子就不太好过了，怎么办呢？

1. 要不动声色

大多数领导都有疑心病，你的工作成绩他可能有所了解，如果有人打你小报告，这时，切忌轻举妄动找人理论。这种事只会越描越黑，遇到这种情况，你要不动声色，以静制动，用实际行动来向他们证明，他们可以攻击你的，无非是工作能力不强、不负责任、不守纪律、有野心之类，如果你在这些方面都无可挑剔，上司就会从怀疑你转而怀疑说你坏话的人。

2. 利用第三者替你解说

既然自己说会越描越黑，那么最好的办法就是找第三者去替你解说。这种做法很容易使人信服。可以给领导一种可信感，要比自己亲自说效果要要好得多。

3. 用好话对付坏话

和珅是乾隆时期的大贪官，因此有不少人都给乾隆进言，述说和珅是如何如何的不守王法。面对众人的弹劾，和珅采取的办法是在乾隆面前大赞那些弹劾他的人，结果他保全了自己，乾隆反而怀疑那些"诬告"和珅的人了，这就是和珅在朝中立足的策略之一。

因此，作为中层的你，如果你知道某人在背后说你的坏话，那么，你可以反过来说他的好话，不论对上司还是对同事，都可以说。两相比较，你的上司和同事会觉得你人品高尚，而打你小报告的人则心地褊狭，品德不良，坏话不攻自破。

4. 襟怀坦荡，言行谨慎

俗话说，身正不怕影子斜，要想不被"小报告"所伤，平日就要做到襟怀坦荡，言行谨慎，做一个值得信赖、值得尊重的人，让那些想诬告你的人没有可乘之机，这是防止小报告的根本做法。

5. 公开揭露

针对那些比较重大的、黑白颠倒的行为，应采取公开回应，对其所散播的流言蜚语应进行大胆揭露，贬斥其卑劣行为。这就要求首先，主动把所发生的事情的来龙去脉详细、客观地公布给大家，使人们对此都有一定了解；其次，帮助和引导人们把正确的客观事实与"黑材料"相互对比、推敲，进行参照。这样一来，某些人提供的那些所谓"材料""报告""证明"和"肺腑之言"也就真相大白了。

与同事和平相处才能互助互利

同事之间的关系十分微妙，就工作而言是一种协作关系，就个人利益而言是一种竞争关系。这种竞争与合作的关系像手心手背一样，是同一体中的两个方面，缺一不可。同事坐在一起时可以谈天说地、欢声笑语，可往往就在这亲密、融洽的关系背后充满激烈的竞争。

"同行是冤家，同事是对手"，这被奉为同事关系的真经，让同事们成了"熟悉的陌生人"。实际上，这是不聪明的做法，因为只有和同事和平相处才能互助互利，互相拆台，对谁都没有好处。

蔺相如与廉颇同为战国时期赵国的大臣。蔺相如是个足智多谋的文臣，廉颇则是个英勇的武臣。赵国因有了这一文一武两大名臣，而令秦国等强国不敢觊觎赵国。

但是起初，廉颇却并没有站在整个国家的立场上去考虑他和蔺相如的关系，而是处处与蔺相如对比，要在风头上盖过蔺相如，骨子里也压根儿就瞧不起"靠嘴巴得宠"的蔺相如。

针对廉颇的处处为难，蔺相如是怎么做的呢？他非但不与其计较，还采取请假等办法来避其锋芒，朝野上下都以为蔺相如惧怕廉颇。只有明眼人知道，蔺相如连敌国的秦王都不怕，又怎么会惧怕廉颇呢？他只是想和廉颇和平相处，以保赵国不被外强所欺。

最终廉颇被蔺相如的胸怀所感动，对自己的狭隘羞愧不已，负荆请罪的故事也成了美谈。

我们都知道，无论一个人多么有才能，也不能离开他人而独立生存，如果不注重协调人际关系，不愿意也不能与同事建立良好的人际关系的人，自然不能为别人提供任何帮助，难免会遭排挤；而乐于助人者会很快被大家接纳。同事之间需要的是真诚，只要你用一颗无私的心善待别人，大多时候别人也会以同样的方式回报你。即使你不能马上得到同事的认可，久而久之同事们也会体会到你的良苦用心的。

如果每个人都能把建立良好同事关系当成一种工作中的追求，把维护良好同事关系当成一种责任，在与同事交往时自觉注意自己的言行，求大同存小异，充分尊重别人的兴趣和爱好，我们就能与不同性格的同事和平相处，共同进步的，企业也会蒸蒸日上。

有位哲人说过，世界上有三种人：一种人离生活太近，不免陷入利害冲突；一种人离生活太远，往往又成了不食人间烟火的隐士；还有一种人与生活保持一种恰当的距离，这种人就是豁达的人。追求生活而不苛求，宽容大度而不自私狭隘，只有这样，才能够与同事保持融洽的关系；只有这样，才能使你的事业蒸蒸日上。

积极消除同事间产生的误解

矛盾时时存在，处处存在，在工作中与同事产生一些小矛盾是很正常的事情。这个时候，你得注意方法，尽量不要让你们之间的矛盾激化，不要表现出盛气凌人、非要和同事做个了断、分个胜负的样子。退一步讲，就算你有理，要是你得理不饶人的话，同事也会对你敬而远之，觉得你是个不给人余地、不给他人面子的人，这样你可能会失去一大批同事的支持。那么如何处理这些矛盾呢？不妨试试如下的办法：

1. 耐心倾听

倾听是消除误解的根本办法。如果对方认为你听懂了他的话，就会避免产生不少误解。在解释你的立场之前，先把对方讲的话条理化，然后压缩成一两句。回答的时候可以这样开始，"刚才你说……"看看对方的意思你到底明白了多少。也许你跟他的想法不谋而合，只是表达上面有所不同罢了。

2. 沟通要简明扼要

不少中层领导在布置工作的时候喜欢遮遮掩掩，话不说明，以暗示的方式向下属表达。这是很危险的！从领导自身的角度，可能有几种想法：一是启发下属自己去动脑筋。这是很不可取的！因为布置工作讲究简明扼要，不能存在歧义。二是回避责任式，不想什么都讲得很明白，防止一旦工作有失误下属把责任赖在自己身上。作为一个部门的领导，任何人有工作上的失误，领导责任都是无法推托的，即使上级一时不追究你的责任，但如果下属频频出错的话，你的位置也将不保！所以，不管你是出于什么心思，在布置工作的时候一定要简明扼要，一次性把事情交代清楚，必要时还可让下属重复你布置工作的要点，以免中间有误解。

3. 通过"中间人"传话

如果你不小心被同事误会，你不妨请给你透露信息者或是双方都能接受的人为"中间人"，通过他们代为传话，把自己的想法和事实告知对方，这样做可以起到澄清事实真相、消除误会的作用。

4. 就事论事

误解产生的根本原因就是双方"对人没对事"，不要把出现的问题看成是"我跟你"之间的事情，相反要当作"我们跟问题"之间的事情。这种态度不仅有利于解决问题，而且还符合公司的最大利益。问题一旦和人挂上钩，就不好解决了。我们经常听到这样的说法，"你怎么老犯错误？"一下子就把简单的问题定性为人的问题了，误解也就在此时埋下了种子。

5. 注意自我反省

当同事对你产生误解时，用不着烦闷苦恼，不妨对自己进行一番反省，想想自己平时在工作中，在与同事交往里是否存在不妥之处。在以后相处时，多几分谨慎，少说些易引起误解的话，避免授人以柄。这样，有助于你在人际交往中更为成熟、稳妥，少些是非。假如某人对你怀有敌意、肯定会在某些问题上贬低你，企图使他人对你的能力、才华和业绩表示怀疑。你要做出的最好证明就是把工作做得更好，而不是把时间和精力放在无谓的人际纠纷上。

实际上，大多数误会是因为双方不够了解而产生的。化解误会最有效的方法就是加强沟通。沟通的方式很多，比如对他人保持兴趣，利用早上一点时间，问候一下你的同事，或者多聊几句，在他们的办公桌上放一张留言的小卡片。制造一些机会和大家一起打球、逛街、共进午餐等。只要同事相处久了，互相有了深入了解，那么误会自然也就不存在了。

巧妙处理同事间的矛盾

同级之间工作交往甚多，又存在潜在的竞争，因而产生这样或那样的矛盾也是不可避免的，同时这种矛盾又是不断发展变化的，旧的矛盾解决了还会有新的矛盾产生，如果矛盾不解决，就必然会影响到工作和个人感情，所以学会处理矛盾就成了中层们必须学习的课程。

当美国第一任总统华盛顿还是一位上校的时候，他率领着他的部下驻守在亚历山大里亚。当时，那里正在选举弗吉尼亚议会的议员。有一名叫戚廉·佩恩的人反对华盛顿所支持的候选人。

在关于选举的某一问题，华盛顿与佩恩展开了激烈的争论。

华盛顿出言不逊，触犯了佩恩，佩恩一怒之下，将华盛顿一拳打倒在地。

华盛顿的部下听到这个消息，群情激愤，部队马上开了过来，准备替他们的司令官报仇。

华盛顿当场加以阻止，并劝说他们返回营地，一场一触即发的不愉快事件在华盛顿的劝说下被化解了。

第二天一早，华盛顿派人送给佩恩一张便条，要求他尽快赶到当地的一家小酒店来。

佩恩怀着凶多吉少的心情如约到来，他猜想华盛顿一定是怀恨在心，要和他进行一场决斗。然而，出乎意料的是，他所看到的不是手枪而是华盛顿端过来的酒杯。

华盛顿看到佩恩到来，立即起身相迎，并笑着伸过手来，说道："佩恩先生，犯错误是人之常情，纠正错误是件光荣的事。我相信昨天所发生的事情是我的不对，你已经在某种程度上得到了满足。如果你认为到此可以解决的话，那么请握我的手——让我们交个朋友吧。"

佩恩激动地伸过手来。从此以后，佩恩成为一个衷心拥护华盛顿的人。

要想做成大事，就不能因为一点小事而耿耿于怀，要努力团结一切可以团结的力量。

1."责人"先"责己"

聪明的领导往往首先从"责己"开始，调节自己的情绪，控制自己的感情，寻找自身的原因。责人先责己，首先要做到待人宽，责己严。一方面，遇到问题时，要设身处地替他人着想，善意地对待他人的缺点和错误，多些宽容和沟通，少些责备和抱怨，这样有利于化解矛盾，搞好与同事之间的团结合作，促进工作的顺利开展。另一方面，要严格要求自己的一言一行，敢于承担责任，做到闻过则改，有错必纠。这样才能在遇到困难和挫折时，及时找出问题的症结所在，从而总结教训，扬长避短，提高工作效率和服务水平。

2.注意回避和等待

当同级之间的矛盾或分歧比较严重，并且一下子难以解决时，暂时回避一下。这种回避表面看来似乎是消极的，其实却很有效。尤其是在对方火气较大、头脑不冷静时，很多矛盾和冲突，常常在回避与等待中自然化解。

"回避"与"等待"是中层领导处理同级关系的一种较好的方法。

因为矛盾一旦发生，双方都在气头上，难免会失态失控，而且因为同级之间没有明确的权力制约关系。所以一旦矛盾激发，就很可能不计后果，新账老账一齐抖出，使矛盾越来越激化。而人都有一个习惯，那就是在发生矛盾时，往往是看自己的是多，看对方的非多；看单一因素的多，看多种因素的少，所以此时客观地讨论谁是谁非是很困难的。即使你讲得有理，对方也不一定听得进去。这时候，聪明的中层领导应该使自己回到平静的状态，使自己冷静下来，自觉调节情绪。

人与人不同，同级之间工作上的分歧有时也会形成个人感情上的隔膜。工作过程中，同级之间的感情是相互关系的"指示器"，和"调节器"。如果感情融洽，则能有效地防止和减少矛盾或冲突的发生，即使发生了，也容易化解。因此。要注意增进同级之间的感情，这是十分重要的。

3. 同舟共济，相互促进

在一个组织中，每个中层都有明确的分工，都有各自的责任目标，都期望自己的工作完成得出色。同级间存在着潜意识和显意识的竞争心态，并由此而产生矛盾的现象是很普遍的。虽然说这也可以看作是激励因素和前进动力的一种，但如果超过了限度，就会变成同级之间的相互嫉妒和内耗。

要想避免这种矛盾，就要自觉做到互相支持，不彼此拆台；互相忍让，不积怨成仇；互相学习，取长补短，不妒贤嫉能。

4. 大度容人，与人为善

同级在工作中产生矛盾或分歧是正常的，只要是对事不对人，心胸都比较开阔，即使争执起来，也会和解。要解决工作中的矛盾，就要学会宽容。宽容别人，用宽广的胸怀和气量，包容别人的缺点和短处，对别人的无礼和失态予以谅解。宽容是中层领导人格修养的重要内容，是同级之间团结的重要保证。

5. 以他人之长比自己之短

同级之间，尽管总体工作能力和水平不相上下，但在某一方面总会有长短、优劣之别。有些人常喜欢以自己之长比他人之短，这种做法容易造成某种心理冲突，使同级关系紧张。现实生活中某些中层互不服气，其中一个重要原因就是以自己之长比别人之短。如果善于以己之短比他人之长，则会明显增强同级之间的吸引力，有效防止这类矛盾的发生。

6. 分工不分家，工作相互配合

同级之间的工作一般都有明确的分工，这对加强责任心，防止出现扯皮和无人负责的现象无疑是非常必要的。但是，也可能导致在实际工作中出现自扫门前雪的现象，不利于形成凝聚力。因此，要强调分工不分家的原则，以增强团队的整体管理水平。

所以，同级之间要注意沟通的重要作用。在平时工作中，由于同级领导的分工不同，看问题的角度不同，对各项工作了解的程度不同，往往容易产生认识上的不一致甚至分歧，这就需要经常交流信息、交换看法，互通有无，保持信息畅通是搞好团结的重要方面。

而且，在管理中发现问题时，同级之间要及时沟通，相互配合，即使不是自己的责权范围，也有必要提醒负责该范围的同级，引起注意和重视，尽快把问题解决。如果把团队比作一个整体，那么各中层分管的工作都是整体工作的一部分，只有做到既分工又合作，紧密配合，相互支持，才能有利于总体目标的实现。

团队是一个整体，要求中层领导者们劲儿往一处使，拧成一股绳，才能不断发展进步，那种幻想着一枝独秀、独占所有风光的人，最终只能被摒弃出局，因为他的做法是团队精神最忌讳的。

同事相处的 10 大学问

一个人不可能独立地在社会中生活，人与人之间的合作是社会生存和发展的动力，也是个人实现自我价值和奋斗目标的前提。随着当今时代社会化大生产的趋势日见其深，"同事"一词的作用和内涵也远远超出了前些年的范畴。那些善于处理同事关系，巧妙赢得同事支持的人总能使"芝麻开门"的咒语处处灵验，而那些自命清高，不屑或者根本不会与同事"周旋"、来往的人，则免不了举步维艰。越来越多长久深陷于同事圈儿，早已习惯成自然的人们突然顿悟：若想在事业上获得成功，在工作中得心应手，就不得不深谙同事间相处的学问。

1. 诚信为本，相互信任

诚信是每一个人应有的基本素质。在处理和同级的关系时，更应以诚信为本。常言道，"精诚所至，金石为开"。中层在与同级交往过程中若能以诚相待，对方就能以礼相还。"投之以桃，报之以李"，乃是人之常情。在处理同级关系时，要做到真心实意、诚心诚意，而不要假心假意、口是心非；也不要无端去猜测别人、怀疑别人；更不要心怀恶意，当面一套，背后一套，专搞小动作。

诚然，有时你以诚待人，人却不以诚待你；更有时你的真诚会被别人误解，甚至遭到别人的冷遇；这都会让人难以接受。但是路遥知马力，日久见人心，只要你始终坚持以诚待人，就终会获得他人信任。

信任是一种巨大的精神力量，这种精神力量能够激发每个人的自尊心、责任感、积极性和主动性，能够使团队成员结成坚强的联盟，产生巨大的凝聚力。

2. 相互帮助支持

同事之间，应该互相帮助，互相支持，遇到问题大家共同面对，这样才能让我们的工作充满乐趣。同事间如何互相帮助呢？首先，要有一个良好的心态，大家是一个集体，是一个团队，必须紧密团结在一起。其次，要有大局意识，大家齐心协力把工作做好，才是最好的选择。再者，遇到同事有困难的时候，大家应该鼎力相助，这样才能让大家的关系更加融洽。总之，同事间的关系越好，工作也就越能够顺利得到开展。再说了，帮助同事的同时，也是在帮助自己，正所谓予人玫瑰，手有余香。

3. 善于自制

同事之间对工作中的某些问题有看法、意见，态度上的不一致而发生分歧，甚至出现争吵、发脾气，这些是很正常的现象。只要双方都是为了工作，没有成见，即使发生争执，也没有什么大不了的。

一个经常发怒的人是很难相处的，如果不加以自制，常常会出现关系闹僵的后果。所以出现这种情况时，双方都应控制自己，增强自己的自制力。防止言辞激烈，伤害对方的感情。

做管理工作，必然有个相互配合的问题。如果双方伤了感情，这种配合是无法成功的，就是成功也很勉强。所以，要抱这样一种态度，没有什么事情是不可以解决的，任何事都可以通过商量理智地解决。无论在什么情况下都能控制住自己的情绪，具有自我克制能力，不仅是一个中层应有的修养，也是一个团队中领导之间建立良好关系的基础。

4. 及时沟通

一个人能够与他人准确、及时地沟通，才能建立起牢固、长久的人际关系。进而能够使自己在事业上左右逢源，最终取得成功。正如石油大王洛克菲勒所说："假如人际沟通能力也是同糖或咖啡一样的商品的话，我愿意付出比太阳底下任何东西都珍贵的价格购买这种能力。"

5. 不可命令别人

级别相同，你与其他人之间的关系应是平等的，不要拿出吩咐手下的口气和同级说话，或者是对其行为做出结论性的评价，这都会造成对方不愉快。这不但不能提高你的地位，反而会遭别人不满，甚至对你的工作形成威胁。

6. 不可有亲疏远近

人的性格不同，就决定了他交往的人会有不同，如果只与脾气相投的同事每天都高兴地寒暄，而与性情不合的同级却连招呼都不打，就会由于亲近与疏远而改变了与对方的交往方式。这种方式带来的危害是很大的，在工作交往中，可能会因为平时的疏远关系，导致对方不积极配合。

7. 不可过于张扬

锐气是职场人所不可缺少的一种品质，但过分的张扬则会将锐气演变为一种傲气，甚至是一种"杀气"，对己对人，势必都会产生一种不良的负面影响。现在有些中层领导初上管理岗位，傲气十足，总恨不得一下子就能够脱颖而出，让所有人都知道自己是一个不平凡的人。而一旦产生这种思想，势必会锋芒毕露，从而导致在言语和行动上有所放肆。长此以往，在你的人际交往领域，便会平添很多阻力，甚至是敌意，这对你今后人际处世方面的和谐发展是极为不利的。

如果你够仔细，你不妨看看那些资历颇深的前辈级同事，他们往往表现得谦恭随和、深藏不露。他们显然不是平庸之辈，而是在经过岁月的洗礼之后，懂得了为人处世的艺术，正如《易经》中所说的：君子藏器于身，待机而动；无此器最难，有此器不患无此时。

8. 不可随便分担别人的工作

无论多么要好的同级，背着上司互相分担或帮助别人工作都会对你不利的。每个部门都有自己的职责分工，如果你主动提出帮忙，也许别人会认为你想抢功劳；如果被请去帮忙，那肯定是难题，你出色地做完了，难保遭人嫉妒。要是上司委派某项工作另有用意，你冒失地帮助别人则会打乱了上司的计划，惹上司不高兴。互相帮助、鼓励是件好事，但应当避免多余的帮助与随意插手别人的工作。

9. 不可传播流言，更不可在同级面前批评上司

职场中，总有那么一小撮人喜欢散布流言蜚语，要想远离是非，首先就得远离这个群体。当别人向你传播流言时，你要一笑置之。

水至清则无鱼。办公室里难免有混浊的空气，所以我们固然可以坚守"清者自清"和"人正不怕影子歪"的人生格言，但是不得不承认办公室最常见的流言还是相当伤人的。远离它，是不被伤害的最基本的生存法则。

在同级面前批评或说坏话，这是自丢把柄给别人的愚蠢做法。因此，即使是别的同事批评时你也不可随声附和，不妨哼哼哈哈敷衍过去，要么转移话题。

10. 不要让工作上的恩怨困扰自己

一个人晶莹剔透，八面玲珑是做不到的，谁也不想得罪，还要把工作做得十全十美也是不可能的。同事之间的矛盾往往都是起源于一些具体的事情，而并不涉及个人的其他方面。事情过去之后，这种冲突和矛盾可能会由于人们思维的惯性而延续一段时间，但时间一长，也会逐渐淡忘。所以，不要因为过去的矛盾而烦恼不已，只要你大大方方，不把过去的事当回事，对方也会以同样豁达的态度对待你。

第十章

谈判是艺术更是能力

　　一场成功的谈判，实际上是出色运用语言艺术的结果。谈判时的语言针对性要强，做到有的放矢。针对不同谈判内容、谈判场合、谈判对手，要针对性地使用语言，还要充分考虑谈判对手的性格、情绪、习惯、文化水平等差异。

准确掌握对方的情况

谈判要想获得成功就要尽可能地掌握对方的情况，这样就能准确把握对方的心理，了解对方所需要的和对方不需要的，什么样的条件对方能接受，什么样的条件对方会反对等。只有对谈判方的情况有个清楚的了解，才能掌握谈判的主动权，最终赢得谈判的胜利。

战国时期有个谈判高手叫淳于髡。第一次，淳于髡被介绍到魏国去见惠王。进宫后，他始终静坐不语。不久，惠王第二次邀请他，他还是一语不发。惠王很生气，把推荐淳于髡的人骂了一顿。

淳于髡知道了这件事辩解说："第一次与王见面，王好像在想骏马的事情。第二次与王见面，王好像沉浸于歌声中，所以我一句话都不说了。"

惠王听完心悸不已，说："确实如此啊，第一次我是在想骏马的事情，第二次又沉浸在歌声中，完全无视先生的存在，实在对不起！"

于是，第三次见面时，惠王洗耳恭听淳于髡的高见，据说听了三天三夜都不觉得厌倦！

再来看看下面这个案例：

美国一公司的商务代表迈克到法国去进行一场贸易谈判，法国人开着小车到机场迎接，然后，又把他安排在一家豪华宾馆。迈克有一种宾至如归的感觉，觉得法国人很热情。安排好之后，法国人似乎无意地问："您是不是要准时搭飞机回国去呢？到时我们仍然安排这辆轿车送您去飞机场。"迈克点了点头，并告诉了对方自己回程的日期，以便对方尽早安排。法国人掌握了迈克谈判的最后期限，他总共只有10天的时间。接下来，法方先安排迈克游览法国的风景区，丝毫不提谈判的事，直到第7天，才安排谈判，但也只是泛泛地谈了一些无关紧要的问题。第8天重开谈判，也是草草收场。第9天仍没有实质性进展。第10天，双方正谈到关键问题上，来接迈克去上机场的小车来了，法国人建议剩下的问题在车上谈。迈克进退维谷，如果不尽快做出决定，那就要白跑这一趟，如果不讨价还价，似乎又不甘心。权衡利弊，为了不至于一无所获，只好答应法方一切条件。

我国某厂与美国某公司谈判设备购买生意时，美商报价218万美元，我方不同意，美方降至128万美元，我方仍不同意。美方诈怒，扬言再降10万美元，118万美元不成交就回国。我方谈判代表因为掌握了美商交易的历史情报，所以不为美方的威胁所动，坚持再降。第二天，美商果真回国，我方毫不紧张。几天后美方代表又回到中国继续谈判。我方代表亮出在国外获取的情报——美方在两年前以98万美元将同样设备卖给匈牙利客商。情报出示后，美方以物价上涨等理由狡辩了一番后将价格降至合理范围。从某种意义上讲，谈判中的价格竞争也是情报竞争，把握对手的精确情报就能在谈判中的价格竞争中取胜。

在谈判中，不仅要烂熟自己的相关情报，尤其要重视对手的情报，只有知己、知彼、知势，才能获得胜利。在商业谈判中，口才固然重要，但是最本质、最核心的是对谈判的把握，而这种把握常常是建立在对谈判双方信息的把握上的。

谈判气氛的营造与铺垫

随着社会生活的飞速发展，商务领域的相关信息也逐渐深入到我们的生活中来了，谈判就是个十分典型的例子。小到我们的衣食住行需要议价，大到一个企业的买卖交易，这些都时时刻刻离不开谈判。在这些谈判中，有的成功了并且取得了非常好的结果，而有的却失败了，造成了损失，甚至影响到了以后的发展。有时候是同样的谈判内容，但由于参与谈判的人、谈判的环境不同，所取得的效果也是不同的。为什么有的谈判成功，有的谈判失败了呢？其中，有一点很重要，那就是谈判气氛。谈判要努力创造一种和谐的交流气氛。凡是商业谈判，双方都想通过沟通交流，实现自己一方的某种意图。所以是一种对立统一的关系。因此，往往就需要一个宽松、轻松、愉快的谈判气氛。因为人在轻松和谐的气氛中，多能耐心地听取不同意见，给人以更多的说话机会。

史蒂夫·罗斯成功前的一份工作就是帮助一家小型汽车租赁公司与恺撒基梅尔就一笔生意进行谈判。恺撒基梅尔在纽约市内拥有大约60个停车场，罗斯希望基梅尔允许那家汽车租赁公司使用他的停车场出租汽车，租车的客户可以免费使用停车场。作为回报，罗斯给基梅尔提成租车费。

谈判开始前，罗斯做了精心策划，他先调查了基梅尔的情况，得知基梅尔是个十足的赛马迷，拥有自己的马，并经常参加比赛。罗斯知道一些赛马的事，因为他的姻亲也养马，并且也参加赛马。

谈判进入了开始阶段，就在罗斯走进基梅尔的办公室开始谈判时，他做了一件事，此举被后人称为罗斯经典谈判招数。他很快扫视了整个房间，眼光停留在一张外加框的照片上，照片是基梅尔的一匹马站在一次大规模的马赛冠军组中。他走过去，端详了一会儿，然后故作惊讶地喊道："这场比赛的2号马是莫蒂·罗森塔尔（罗斯的亲戚）的！"听了这话，基梅尔微笑起来。两人话语投机，不仅生意谈成了，后来还联手进行了一次非常成功的风险投资。那次成功投资的公司最终发展成为罗斯的首家上市公司。

上述案例说明了，在谈判开始时营造友好的气氛是谈判成功不可小视的部分。每个人都喜欢别人的认可。

1972年2月，美国总统尼克松访华，中美双方将要展开一场具有重大历史意义的国际谈判。为了创造一种融洽和谐的谈判环境和气氛，中国方面在周恩来总理的亲自领导下，对谈判过程中的各种环境都做了精心而又周密的准备和安排，甚至对宴会上要演奏的中美两国民间乐曲都进行了精心地挑选。在欢迎尼克松一行的国宴上，当军乐队熟练地演奏起由周总理亲自选定的《美丽的亚美利加》时，尼克松总统简直听呆了，他绝没有想到能在中国听到他如此熟悉的乐曲，因为，这是他平生最喜爱并且在他的就职典礼上指定演奏的家乡的乐曲。敬酒时，他特地到乐队前表示感谢，此时，国宴达到了高潮，而一种融洽而热烈的气氛也同时感染了美国客人。一个小小的精心安排，赢得了和谐融洽的谈判气氛，这不能不说是一种高超的谈判艺术。

美国总统杰弗逊曾经针对谈判环境说过这样一句意味深长的话："在不舒适的环境下，人们可能会违背本意，言不由衷。"英国政界领袖欧内斯特·贝文则说，根据他平生参加的各种会谈的经验，他发现，在舒适明朗、色彩悦目的房间内举行的会谈，大多比较成功。

此外，在谈判开始时，可以以一种协商的口吻来做铺垫，以征求谈判对手的意见，然后对其意见表示赞同和认可，并按照其意见开展工作。运用这种方式应该注意的是，拿来征求对手意见的问题应该是无关紧要的问题，对手对该问题的意见不会影响我方的利益。另外在赞成对方意见时，态度不要过于献媚，要让对方感觉到是出于尊重，而不是奉承。轻松和谐的谈判气氛，能够拉近双方的距离，切入正题之后就容易找到共同的语言，化解双方的分歧或矛盾。

掌握好说话的时机和火候

谈判过程中说话时机的把握是很关键的，尤其是中层领导，最终拍板的权力不在你这边，而在上司，因此什么时候该说，什么时候不该说就得拿捏好。换句话说，就是要把话说得恰到好处！如何把话说得恰到好处呢？谈判中要把握说话时机。孔子在《论语·季氏篇》中说："言未及之而言，谓之躁；言及之而不言，谓之隐；不见颜色而言，谓之瞽。"这段话的意思是说：不该说话的时候说，叫作急躁；应该说话的时候不说，叫作隐瞒；不看对方的脸色变化，便信口开河，叫作闭着眼睛瞎说。这就说明我们在说话时，务必要把握好时机。

据史书记载，子禽问墨子：老师，一个人话说多了有没有好处？墨子回答：话说多了有什么好处呢？比如池塘里的青蛙天天叫，弄得口干舌燥，却从来没有人注意它。但是雄鸡只在天亮时叫两三声，大家听到鸡啼就知道天要亮了，于是都注意它。

墨子的回答虽然简单，但阐述了说话既要切中要害又要恰合时机的道理，形象地诠释了把握好说话时机的利弊。

有一个经营钢厂的老板，在经营了多年之后萌发了转行的念头。他原来从德国购进了一批机床，经过几年使用后，扣除磨损费应该还有250万美元的价值。他在心中打定主意，在出售这批机床的时候，一定不能以低于250万美元的价格出让。有一个买主在谈判的时候，针对这台机床的各种问题滔滔不绝地讲了很多缺点和不足，这让钢厂老板十分恼火。但是他在自己刚要发作的时候，突然想起自己250万美元的底价，于是又冷静了下来，一言不发。后来，那人再没有说话的力气，突然蹦出一句："嘿，老兄，你这个机床我最多能够给你350万美元，再多的话我们可真是不要了。"这个老板因为沉住了气，没有贸然说话，很幸运地比计划多卖了整整100万美元。

说话的时机是由说话的时境决定的。说话的时境包括自然环境、社会环境、心理环境、语言环境，涉及的范围相当广，可以说，一个人说话是以整个社会生活为背景的。要把握准说话的时机，就不能不对说话时境与说话行为之间的变化规律及特点有一个基本的认识。

说话的时境具有客观性，对于说话的主体而言，时境构成的诸种要素都是客观存在的。无论有没有说话行为发生，自然环境和社会环境都是以客观的形式独立着，心理环境和语言环境虽然可以在说话过程中随时生成，但一经生成，就是以客观的形式存在的，和社会环境、自然环境一样对说话行为产生制约作用。人的说话行为只能在具体的时境中发生、进行，谁也无法随着自己的主观意志去摆脱它，超越它，说话行为也只有与具体的时境结合并保持统一，才能准确表达自己要说的意思。

"在谈判过程中我不该那么说！"这是自己因说话行为与说话时境失去统一、和谐而产生的懊悔。说话行为与说话时境必须保持统一，这是谈判时的一条不可违背的规律。

谈判中还要把握好让步和坚持的火候。谈判的成功，大多是双方妥协的结果。妥协就是让步，让步要依双方的情况和谈判形势灵活决定。有时候需要一步到位，有时候需要分段让步。总之，采取的方式要使对方感到你的妥协是通情达理的，对谈判是诚心诚意的。同时，要有一定的忍耐力，要学会巧妙地坚持和等待。许多谈判的成功都是在最后一分钟取得的。最后的一分钟往往也是智力、毅力、意志和信心的较量。

一位印度商人手里有三幅名画，这三幅画均出自名画家之手。画作被一位美国画商看中，这位美国人自以为很聪明，他认定：既然这三幅画都是珍品，必有收藏价值，假如买下这三幅画，经过一段时期的收藏会大大的升值，那时自己一定会发一笔大财。他打定主意，无论如何也要买下这三幅画。

于是，他主动去搭讪那位印度人："先生，我看你手里的三幅画不错，能否卖给我，请出个价吧？"

"可以啊，但你是想把三幅都下来，还是只买其中一幅？"印度人反问道。

"那你都说说吧，三幅都买什么价，只买其中一幅又是什么价？"其实，此时这个美国人心里已经开始算计了。他的如意算盘是先和印度人敲定一幅画的价格，然后再和盘托出，把其他两幅画一同买下，肯定能占着点儿便宜！

让人奇怪的是，那个印度人并没有直接回答美国人的问题，只见他脸上略露难色，好似拿不定主意。美国人却沉不住气了，说："快点，要么你直接开个价，一幅要多少钱？"

哪想，这位印度人十分精明，他知道自己手里的货价值连城，而且他还了解到，美国富商大都有个习惯，喜欢收藏名画，一旦看上货，他们是不会轻易放手的，肯定会出高价买下。事实也如此，那位印度人从美国人的眼神中看出，他早已对这几幅画垂涎欲滴了。

印度人装作漫不经心的样子，一点也不着急，他说："先生，我看你是个真心的买主，每幅给你250万美元吧！已经相当优惠的了！"

美国画商也非省油的灯，他知道多买少算的原则，1美元他也不想多出，于是两个人陷入讨价还价的过程中，双方僵持住了。

但见印度人稍作调整后，随即起身离开了谈判桌，拿起一幅画就烧了。这让美国人看傻了，他从来没有遇到过这样的卖家，眼看着一幅画毁于一炬，他真是痛心疾首。于是不安地问印度人剩下的两幅画卖多少钱！谁想，那个印度人仍然语气强硬地说，两幅画少了750万美元别想拿走。

美国画商觉得这样自己就太亏了，少了一幅画，还要750美元。于是，强忍着心中的怨气，跟印度人谈判能否再少一点价钱。

印度人可不吃他那套，他又拿出一幅画烧了。这回该轮着美国人着急了，他赶忙乞求印度人手下留情，千万别把最后一幅画也烧掉了，他实在太爱这幅画了。他想知道，最后这幅画能值多少钱。

"750万美元"，印度人毫不松口，美国人这下实在按捺不住了，说："三幅画与一幅画怎么能一样价钱呢？你这不是黑心商人吗？"

这位印度商人回答："这三幅画出自名画家之手，本来有三幅的时候，相对来说价值还小点儿。如今只剩下一幅了，可以说是绝世之宝，它的价值已经大大超过了三幅画都在的时候。因此，现在我告诉你，如果你真想要买这幅画，最低得出750万美元，否则免谈。"美国画商没办法，最后只好花750万美元把这幅画买下来了。

这个故事中的印度商人张弛有度，准确掌握了美国商人急切购买的心理，很好地把握住了谈判的火候，所以赢得了谈判的最终胜利。

先削弱对方的立场

为了有效地在谈判中说服对手，为己方争取最大的利益，不妨先削弱对方的立场。

美国密德兰地区一家银行有一位非常难缠的客户——一位搞技术的工程师。他在经济景气的时候，有过一段辉煌灿烂的时光，但后来由于经济萧条，他的公司濒临倒闭。那位工程师希望能够找到机会东山再起，于是千方百计争取银行的同情，让银行贷款给他。但是，出于各种因素，银行不愿意给予他太多的贷款。

经过一段时间苦苦思考后，他终于想到了一种可能获得贷款的方式——必须先削弱对方的立场。于是，他便让会计部门整理出好几条抗议事项。银行对于客户的这种抗议，显然有些手足无措，银行领导便立刻打了道歉的电话。但是，工程师又以银行办事能力太差，办手续太慢，致使该公司向外国购买一项产品的计划被拖延而蒙受重大损失为由，大表不满。

还有一件事，因为银行职员的一时疏忽，使得一笔原来应该存入那位工程师私人账户的款项阴差阳错地存入了另一家公司的账户。为了这件事，那位工程师又借题发挥地大发雷霆，并把银行以往所犯的种种"罪状"全部列举出来，要银行提出具体的解决办法。

两个星期之后，工程师又打电话来，那位银行经理心中已做了最坏的打算，准备接受一切严厉的批评和惩罚。意外的是，工程师对于过去所发生的事竟然绝口不提，反而以轻松的语气问道："对于两年以上的私人贷款应该怎么算？"

那位经理听到工程师的口气并不严厉，便松了一口气，将利息的算法详细地说出来。

"这样贷款是不是一般市面上最有利的方式？"

"当然！"经理赶快回答，"据我所知道的，这是目前最有利的一种贷款方式。"他的语气十分惶恐，生怕再得罪这位难缠的客户。

这位工程师希望银行经理让他获得一笔私人贷款，结果银行经理真的允许了他的要求。

如果这位工程师一开始就明确地表明自己的愿望，就不会得到这么好的结果，可见他先削弱对方立场的方法是非常高明和值得借鉴的。

抓住对方的弱点占据有利位置

任何一个谈判者，不仅应该清醒地认识到自己的弱点，而且还要知道对方的弱点。在谈判中要能随机应变，抓住对方的弱点给予打击，有气功中点穴手段的奇妙效果。所谓有关的弱点，是指对手论点上的错误、论据上的缺失、论证上的偏颇或其本身性格、行为、感情上的各种局限。

在谈判初期，毫无保留地说出想法对自己很不利。有时候，谈判必须在了解了对方的需要和弱点之后慢慢进行，才能达到目的。

有时候，在进退之间为了占据主动，你不妨寻找一下别人的软肋。人人都想掩盖自己的弱点和瑕疵，很难让人抓住把柄。可是"道高一尺，魔高一丈"，只要抓住了对手的软肋，你就可以大胆"进攻"了。特别是在商业谈判中，如果抓住了对方的软肋，便可以迅速占据有利位置，大大削弱对方的士气和自信。诸葛亮舌战群儒的故事，是很值得谈判人员借鉴的。

诸葛亮初到江东，作为弱国的使者，他独自一人看上去更加势单力孤。江东的那些怕硬欺软的谋士们，倚仗人多势众，一个个盛气凌人。张昭作为江东首席谋士，更是嚣张。张昭突出的弱点是主张降曹，投降是既无能又无耻的表现。诸葛亮瞅准这一点，在历数刘备一方怎样仁义爱民、艰苦抗击曹操之后，话锋一转："盖国家大计，社稷安危，是有主谋。非比夸辩之徒，应誉欺人；坐议交谈，无人可及，临机应变，百无一能。——诚为天下笑耳！"这样就一下子点到了张昭的痛处，使他再也不能开口。

诸葛亮在谈判中紧紧抓住张昭的弱点，给他重重一击，使其没有反攻余地。所以，了解对方弱点是谈判中取胜的有效方法。对方的有些弱点是事先已经被我方掌握的，而有些弱点则是在对招之中暴露出来的，我们要随时发现把柄，准确有力地击中对方的弱点，使对方理屈词穷。

　　英国驻日公使巴克斯是个傲气十足的人，他在同日本外务大臣寺岛宗常和陆军大臣西乡南州打交道时，常常表现出不屑一顾的神态，还不时地嘲讽两人。但是每当他碰到棘手的事情时，总喜欢说："等我和法国公使谈了之后再回答吧！"寺岛宗常和西乡南州商量决定抓住这句话攻击一下巴克斯这种傲气十足的行为。

　　一天，西乡南州故意问巴克斯："我很冒昧地问你一件事，英国到底是不是法国的附属国呢？"巴克斯听后傲慢无礼地回答说："你这种说法太荒唐了。如果你是日本陆军大臣的话，那么完全应该知道英国不是法国的附属国，英国是世界上最强大的君主国！"西乡南州冷静地说："我以前也认为英国是个强大的独立国家，现在我却不这样认为了。"巴克斯愤怒地质问道："为什么？"西乡南州从容地说："其实也没有什么特别的事，只是因为每当我们代表政府和你谈论到国际上的问题时，你总是说等你和法国公使讨论后再回答。如果英国是个独立国家，那为什么要看法国的脸色行事呢？这么看来，英国不是法国的附属国又是什么呢？"傲气十足的巴克斯被问得哑口无言。从此后他们互相讨论问题时，巴克斯变得谦虚多了。西乡南州抓住巴克斯语言上的弱点展开攻势取得了令人满意的效果。

　　毫无疑问，任何人都不可能是十全十美的，难免有自己的弱点，而傲气者一旦被别人抓住弱点进行攻击，也就瓦解了其傲气的资本。在唇枪舌剑中，对手总有说漏嘴的时候，这正是适时进攻的好机会。

适度施压才能不被动

　　谈判，本来就是一种双方博弈的过程，懂得适时、适当地给谈判对手施压才能不沦于被动的境地。

　　作为大宋开国皇帝，稳定天下之后，赵匡胤就开始失眠了。因为此时赵匡胤开始想到了如今个个手握重兵曾经和他一起打天下的兄弟们，只要他们中的任何一个翻脸不认账，他的大宋江山就必定会动摇。如此，赵匡胤对他的兄弟们产生了戒心。

　　汉朝皇帝刘邦对付兄弟们的方法当然不可取，赵匡胤明白那样会冒天下之大不韪。更何况，他每位兄弟手下都有一大批亲信，若向他们下手，一定会激起他们手下人的叛乱。为了稳固自己的皇位，经过一番思索后，赵匡胤决定采取软硬兼施的方法，最好能让兄弟们主动放下兵权。

　　于是借助一次庆典的机会，赵匡胤设宴大请手握重兵的兄弟们。赵匡胤和他的兄弟们开怀畅饮，饮酒谈笑，等到个个喝得脸红眼亮时，赵匡胤于是讲起往事，并在最后叹了一口气说："以前我们共同生活在那种白天厮杀，夜晚倒头就睡的日子。现在想想，若永远生活在那段日子里多好！哪像现在这样，夜夜睡不安宁！"众弟兄一听，关心地问："怎么睡不稳？"赵匡胤于是说："这不明摆着的事儿吗？我们都是兄弟，我这个位子谁都该坐，而又有谁不想坐呢？"大家面面相觑，想到刘邦得天下后逐个杀功臣的故事，一个个胆战心惊，跪在地上说："不敢。"

预期的目的达到，赵匡胤便顺势说："你们虽不敢，但是难保你们手下人不会这么想啊。一旦黄袍加身，自然就由不得你们了。"大家一听，明白了赵匡胤是怕他们造反，一个个吓得不敢起身，只知在地上叩头。赵匡胤于是就把早已想好的办法说了出来："大家跟我苦了大半辈子，人生苦短，以后的日子倒不如回家过个太平晚年。""听皇上吩咐。"兄弟们只得无奈地同声答道。

宴会之后，手握重兵的旧臣们果然一个个或主动或被迫放下兵权。借着"杯酒释兵权"的法子，赵匡胤重新整顿朝纲，把兵权集中到自己手中。

谈判中，一味退让把主动权让给对方，会让对方自觉有恃无恐。所以，适当地给对方施压才会让谈判对手觉得你不可小觑，从而掌握谈判的主动权，使事态朝着有利于自己的方向发展。

谈判中的发问技巧

提问是谈判中获得对方信息的一种手段，通过提问，除了可以从中获得众多的信息之外，还常常能发现对方的需要，知道对方追求什么，这些都对谈判有很大的指导作用。

但是，发问是有一定艺术的，如果发问不当，非但达不到预期的目的，反而徒增对方的反感。

有一家经营牛奶和咖啡的小店开在商场的休息室里面，刚开始营业的时候，小店的服务员总是问顾客："您想喝咖啡吗？先生。"或者问："您想喝杯牛奶吗？先生。"但很少有人购买，小店销售业绩很平淡。经过一段时间的思考，老板要求每一个服务员都换一种问法："先生，您想喝杯咖啡还是喝杯牛奶？"其结果是小店的销售额大增。原因很简单，第一种问法容易得到否定的回答，因为问法过于单一。而第二种选择式的问法，已经假设了一个前提，在大多数情况下，顾客都会选一种。

只是换了一种提问方式，就换来了更大的销售额。可见，语言是谈判中重要的载体，巧妙地运用发问的语言能让你得到意想不到的效果与收获。为了更好地采取有针对性的对策，探寻到谈判对方的实际需求和真正意图是非常必要的，因此，领导者应从以下几个方面努力提高发问的艺术：

1. 预先准备好问题，把握发问的时机

在步入谈判会场以前，谈判者应将谈判中应提的问题事先列出来，尤其是一些对方不能够迅速想出适当答案的问题，以期收到出其不意的效果。有时可以先提些看上去很一般并且比较容易回答，且与后面比较重要的问题相关联的问题，等对方思想比较松懈时突然转入某一个重要的问题，使对方在措手不及的时候露底。

2. 给对方充足的回答时间

谈判者应等对方将问题表述完毕再提问。这是礼让的基本要求，也有助于全面理解对方的意图，以便下一步更恰当、准确地发问。在提出问题后应闭口不言，等待对方回答。最好不要同时提出一连串问题，让对方无所适从不好作答。提出问题后闭口不言，双方处于沉默之中，这会给对方施加一种无形的压力。你不再言语，对方就必须以回答问题来打破沉默。

3. 注意发问的速度和频率

谈判者应该用正常速度发问，太急易给对方以不耐烦或被审讯的印象。谈判不是法庭上的审问，应该心平气和地提出问题。否则，会招致对方敌对、反感的情绪，破坏谈判的气氛。当然，发问速度亦不能太慢，否则，会令对方疑惑或感到沉闷。

在谈判中，不宜重复、连续不断地提问。这会给人咄咄逼人的感觉，导致对方厌倦、乏味而不愿回答，即使回答也是马马虎虎甚至答非所问。

4. 不要强迫对方回答问题

当对方很难从正面回答你的问题时，不要强迫他做出回答，以免触发冲突。对于这种问题，可以肢解为许多小问题，通过旁敲侧击的办法了解对方的意图。或者可以换一个角度，来激发对方回答问题的兴趣。也可以先将这一问题搁置下来，等待有利的时机再发问。还有一种方法就是采用迂回的方法，暂时避开话题，转移对方的注意力，然后再引申到这个话题，或者干脆从侧面得到问题的答案。

5. 提问态度要诚恳，不要带敌意

发问前应先取得对方同意，尤其是向陌生的谈判者提问题时更应如此。对于敏感问题，发问前应先作解释或先打招呼，以免不妥。态度诚恳，会使对方乐于回答，也利于谈判者彼此感情上的沟通。

谈判者应尽力避开各种带有敌意的问题，如直接指责对方信誉的问题等。这不利于谈判双方之间的真诚合作。

上述有关发问的种种技巧，旨在提高领导者的谈判水平，需要灵活运用。

精确的数字在谈判中的作用

用数字说话的力量是巨大的。在谈判中，你如果能把自己的意见通过精确的数字表达出来，使对手感到你精通某个问题，让对手产生信赖感。

日本一家药店老板向太阳银行申请贷款91万元。银行经理田正男是位企业调查专家，他立刻注意到1万元的尾数，就问："为什么不借100万元整数，而只借91万元？"老板说："经过测算，目前只需要91万元，90万元不够，100万元多了点，多借了也用不着，银行不会不方便吧？"田正男经理立刻相信这位老板是个盘算精细、经营有道的人，马上批准了这笔贷款。

数字和专用名称是在谈判中说服对手最有效的武器。牢牢地记住那些平常记不住的详细数字和长长的专用名称，做到脱口而出，能给对方留下做过详细调查和有备而来的印象，起到立竿见影的效果。令对方感到你是内行后再说服对方就容易得多了。

日本田中角荣首相就常用这一手。他有着超群的记忆力，从来不用"大约不到100万元"之类的表达方法。比如说，他可以毫不迟疑地一口气说完一长串的准确数字。对方听后对他十分佩服，同时也认为他值得信任。

某大商场的采购员每天要见很多供货商，如果供货商3分钟内讲的东西不能引起他的兴趣，这笔生意基本上就泡汤了。一天，一名想要打入该商场的供货商一进门就说道："王先生，如果您让我从这扇门走出去，您就会损失一个赚532万美元的机会。"采购员很纳闷，心想："很多人跟我说放弃他们就会失去赚大钱的机会，这样的说法不足为奇，可是他却说532万美元，他是怎么算出这个数目的呢？是不是真的有这样的机会呢？"怀着这样的好奇心，采购员认真地和供货商谈了起来，最终还真达成了协议。

当然，这不是谈判考试，无须把涉及的所有数字和专用名称都背得滚瓜烂熟，在这上边过于花费精力与时间也是一种浪费。作为说服对方的武器，记住几个关键的数字和名称就行了。相反，对方提供了详细的数据，想要以此说服你时该怎么办呢？当对方提出的数据于你方不利时，你方往往哑口无言。此时，应在数据的出处上寻找突破口。"请问，这个数据是在哪里查到的？"对方如果没有掌握到这个程度，一时语塞，其攻势遂遭遏制。

即使对方把数据的出处掌握得一清二楚，也还有空可钻。多种情况下数据的统计日期较早，于是可以把问题转到这个方向上来："这是哪一年的数字？这个数字可有点过时了。""和现在的情况不符呀！"这种战术颇有点打游击的味道，但在现实的谈判中却是行之有效的。对方从细微之处冲进来，你方要从更加细微的地方攻回去。

值得强调的是，准确在记住那些枯燥的数字和专用名词，虽然可以给对方留下"做过仔细调查"的印象。但是如果都背得滚瓜烂熟，时刻在强调数字的精确度，这反而使对方感到烦琐。因此，在谈判桌上不要表现得过于聪明。当然，对方也在观察你方的实力，所以又不能让人家把你当成外行。要想从对方那里获得一些情报，在不被对方小瞧的前提下最好适当地低调一点，诚恳地向对方求教。

对方的漏洞就是你的机会

以子之矛，攻子之盾。谈判过程中，透过现象看本质，发现对方的漏洞然后出击，必然可以一举得胜。

若想听出对方的漏洞，谈判人员在商业谈判中，就必须要学会倾听，并善于倾听。如此才能探出对方的虚实，从而达到自己的目的。

有一位工人的邻居是一位世界著名的谈判大师。工人的房子在一次洪水中受到了严重的破坏。工人自感自己没有能力从保险公司多获得一些赔偿，于是找这位谈判大师为自己出谋划策。

谈判大师答应帮他的忙，然后问道："你希望能得到多少赔偿呢？"

"通过您的帮助，我希望保险公司能赔偿我1000美元。"工人回答说。

谈判大师点点头，然后接着问道："这场洪水究竟让你损失了多少钱？请你实实在在地告诉我。"

"我房子的实际损失其实在1000美元以上。"工人回答说。

保险公司的理赔调查员没有多久就找到了谈判大师，然后对他说："像您这样的专家，我知道，可能对于大数目的谈判都是权威，但是，根据现场的调查，我们不可能赔得太多。所以这次您这位谈判大师恐怕无法发挥才能了。请问，如果我们只赔你800美元，你觉得怎么样？"

沉吟片刻后，谈判大师对理赔调查员说："这个时候你居然还有心思开玩笑？你难道没有看到你的客户受到多么大的损失吗？而且任何人都不可能接受这样的条件。"

双方都陷入沉默，过了一会儿，理赔调查员打破僵局："好吧，你别生气，也不要把刚才的价钱放在心上。不过我们最多也就能赔900美元了。"

"看一看毁坏的现场之后，你就会知道这点钱是多么可怜。所以绝对不行！"谈判大师严肃地说。

"好了，好了，我们不要再争执了，1000美元总该行了吧？"

"我们再一起去看看现场吧。别轻易下结论，小伙子。"大师坚持说道。

大大出乎工人预料的是，这一桩房屋理赔案的谈判，最终在谈判大师的一再坚持下，竟以不可思议的2000美元的赔偿费了结。

我们不禁要想，理赔调查员的话里到底有什么漏洞呢？以至于谈判大师听了他的话后，放心大胆地讨价还价，甚至当对方已出到他和工人预先设定的心理价格时仍不肯让步？

原来，从理赔调查员说话时的口气里，聪明而富有经验的谈判大师找到了隐含在对方谈话中的重要信息，并且明白了谈判事实的真相。

"我们只赔你800美元，你觉得如何？"这是理赔调查员一开口就对谈判大师说的话。关键就在这个极易被忽视的"只"字上面，它显示出理赔调查员自己也觉得这个数目太小，不好意思开口。由此，谈判大师明白了理赔调查员第一次所出的价格只是一种试探，而绝不是最后的出价。于是大师推断出在第一次出价后一定还有第二次，甚至还有第三次。谈判大师发觉这一破绽后，在整个谈判过程中就轻而易举地占据了主动地位，所以他打定了绝不轻易让步的主意，牢牢地控制着局面，最后获得了高达2000美元的赔偿。

作为中层，在谈判过程中，需要敏锐的洞察力和丰富的经验，才能透过现象看本质，发现对方的漏洞，从而进一步掌握主动权，然后作出判断，只有这样才能使谈判结果朝着有利于自己的方向发展。对所有参加谈判的人来说，这种技能是必不可少的。

胜利属于那些坚持下来的人

锲而不舍，金石可镂。谈判过程中你只要具备常人难以企及的耐力和韧性，再配以灵活适当的技巧，相对易获成功。

作为日本著名的保险推销员，原一平曾多次打破销售纪录。然而在初入保险行业时，原一平曾经在3年零8个月的时间里拜访了一个客户70次。

在掌握了一家公司总经理的个人信息后，原一平第二天就迫不及待地上门去推销保险了。一位面目慈祥的老人打开了门，听完原一平的介绍后，老人彬彬有礼地说："总经理不在家，请改日再来。"原一平猜测他一定是总经理的父亲。

"那么请您告诉我，总经理一般都什么时候在家呢？"原一平耐心十足地问道。

"这可没准儿，他公司事情很多。"原一平还想打探一下总经理的其他一些问题，但是最后老人都以"不太清楚"为由推托了。

就像这样，原一平在接下来的3年多里，拜访这位总经理一共扑了70次空。后来原一平意外地从一个客户那里得知，让他扑了70次空的总经理原来就是那位拒绝他的老人。原一平有一种被人戏弄的感觉，他为此感到愤怒不已。哪怕在说明自己的身份后这个老头对他大叫"你别白费心机了，我不需要保险"，也比他每次面带微笑地一次次让自己扑空要强上100倍啊。天呐！这个老头儿浪费了自己多少宝贵的时间啊！浪费别人的时间就等于谋财害命，气愤异常的原一平决定要惩罚一下这个老头子。

原一平又来到他曾经去过70次的那幢高楼，没想到那位总经理正在楼底下掏水沟。原一平就点燃了一支烟，以此来驱赶心中的郁闷，站在那里，静静地等总经理掏完水沟。烟雾缭绕中，原一平渐渐平息了怒气，此时的总经理也一脸平静地继续着他的工作。在他点燃第二支烟时，老头儿已在收拾工具了，掐灭了烟，原一平就上前拦住了他。

"请问总经理现在在家吗？您好，我是明治保险公司的原一平。"

"唉，他刚刚出门了，还真是不凑巧。"

"为什么要戏耍我呢？你这么一大把年纪了，撒起谎来竟然可以面不改色心不跳！我知道你就是总经理。不买保险可以光明正大地拒绝我啊！你是在考验我的耐性吗？"

"呵呵，其实从第一天起，我就知道你是来推销保险的。"

"我才不会用3年8个月的宝贵时间来向一个垂垂老矣的人来推销保险！如果我第一天就知道你是总经理的话，我才不会再来第二次的。更何况，如果有你这么瘦弱的客户，明治保险公司可能早就倒闭了。"

"什么？我难道连投保的资格都没有吗？你竟敢如此轻视我！我要让你知道我完全有资格投保！你马上带我去体检。"原一平心中一阵窃喜，感觉目的已经达到。因为看到自己的话已经激起了这个顽固不化的老人的斗志。他就又开始卖起了关子："哼，如果你们全家和全公司都投保的话，我还可以考虑考虑！我才不为你一个人枉费心机呢。"

"全家就全家，哼，我们明天就去！"就这样，通过71次的拜访，原一平"拿下"了那个倔强的老头，使其成为自己的客户。

笑到最后的，一定是能够坚持下来的人。在谈判这条布满荆棘的道路上，真正能够获取最终成功的，往往是那些坚持不懈的人，而不是那些速度最快的人。常言说得好，谁笑到最后谁笑得最美。农民的一年劳碌，收成就在收割的一两天内，田径运动员的成功，就在最后冲刺的一瞬间。谈判要想获得成功，要坚持到最后一分钟。

谈判中的巧妙拒绝法

谈判中的拒绝，说是"技巧"也好，"艺术"也好，是指拒绝对方时，要选择恰当的语言、恰当的方式、恰当的时机，而且要留有余地，不能板起脸来，态度生硬地回绝对方。这就需要把拒绝作为一种方法、一种学问来探究。下面介绍几种商务谈判中常见的拒绝技巧。

1. 肯定形式法

每个人都有渴望被了解和认同的需求，不妨利用这一点从对方意见中找出彼此同意的非实质性内容予以肯定，达到共鸣的目的，也就是所谓"英雄所见略同"之感，借机顺势表达你不同的看法。

张凯是温州某玩具公司的经理，在一次和经销商的谈判中，经销商对张凯公司产品的知名度发生了质疑，面对经销商的刁难，张凯坦然地说："您说的也许是对的，我们的品牌也许不是很知名，我们将大部分经费和时间运用在产品研发上，每年都推出数百种新款产品，根本没有时间去做品牌推广，可是每每产品都旺销，有些地方竟然脱销……"

2. 问题拒绝法

谈判过程中，有时候对方会提一些过分的，甚至是无理的要求，面对这样的对手，你唯一能做的就是迎头回击，针对对方的无理要求，你不妨提出一连串的问题，通过这些连珠炮似的问题，无论他回答或不回答，也不论他承认与否，他都已经感到自己的要求真的有些过分了。

在一次中日关于某种农业加工机械的贸易谈判中，中方主谈面对日本代表高得出奇的报价，巧妙地采用了问题法来加以拒绝。中方主谈一共提出了四个问题：

第一个问题是，不知贵国生产此类产品的公司一共有几家？第二个问题是，不知贵公司的产品价格高于贵国某某牌的依据是什么？第三个问题是，不知世界上生产此类产品的公司一共有几家？第四个问题是，不知贵公司的产品价格高于某某牌（世界名牌）的依据又是什么？

上述四个问题使日方代表着实吃了一惊，他们没法回答中方的问题，因为他们明白自己报的价格高得有些离谱了，无奈之下，他们自找台阶，把价格大幅度地降了下来。

所以运用问题法来对付上述这种只顾自己利益、不顾对方利益而提出过分要求的谈判对手，确实是一服灵丹妙药。

3.风趣幽默拒绝法

无法满足对方提出的不合理要求，在轻松诙谐的话语中给予否定或讲述一个精彩的故事让对方听出弦外之音，既避免了对方的难堪，又转移了对方被拒绝的不快。某公司谈判代表故作轻松地说："如果贵方坚持这个进价，请为我们准备过冬的衣服和食物，总不忍心让员工饿着肚子瑟瑟发抖地为你们干活吧！"

有一个时期，苏联与挪威曾经就购买挪威鲱鱼进行了长时间的谈判。在谈判中，深知贸易谈判诀窍的挪威人，开价高得出奇。苏联的谈判代表与挪威人进行了激烈的讨价还价，挪威人就是坚持不让步。谈判进行了一轮又一轮，代表换了一个又一个，价格却一点没有降下来。

后来，苏联政府派柯伦泰女士为全权贸易代表。柯伦泰面对挪威人报出的高价，针锋相对地还了一个极低的价格，谈判像以往一样陷入僵局。挪威人并不在乎僵局，因为他们知道不管怎样，苏联人要吃鲱鱼就得找他们买。聪明的柯伦泰改变了谈判策略，使用了幽默法来改变挪威人的态度。

柯伦泰对挪威人说："好吧！既然你们如此坚决，我只能同意你们提出的价格。如果我的政府不同意这个价格，我愿意用自己的工资来支付差额。但是，这自然要分期付款。"在这种情形之下，堂堂的挪威绅士能把一个女士逼到这种地步吗？所以，在忍不住一笑之余，挪威的谈判代表终于同意将鲱鱼的价格降到一定标准。

在这场谈判中，柯伦泰用幽默的语言完成了很多谈判代表绞尽脑汁也未能完成的任务。

4.移花接木拒绝法

在谈判中，如果对方实在"要价太高"，而自己又无法满足对方的条件时，可采用移花接木的方法或委婉地给他设计一些无法跨越的障碍，这样既表达了拒绝的理由，还让他感觉到你已经被触及底线，对方会谅解你的。如"很抱歉，这已经超出我们的承受能力……""除非我们采用不合格的劣质原料使生产成本降低60%才能满足你们的价位。"暗示对方所提的要求只能是个梦幻泡影，可望而不可即的，如此达到促使对方妥协的目的。

此外，你也可运用一些违背法律、制度、惯例等无法变通的客观约束，如"如果国家允许的话，我们同意""如果法律授权的话，我们无异议"等。

5. 条件拒绝法

如果赤裸裸地拒绝对方的要求必然会恶化双方的关系。不妨在拒绝对方前，先要求对方满足你的条件，如对方能满足，则你也可以满足对方的要求；如对方不能满足，那你也无法满足对方的要求。这就是条件拒绝法。

这种条件拒绝法往往被外国银行的信贷人员用来拒绝向不合格的发放对象发放贷款。这是一种留有余地的拒绝，银行方面的人不能说借贷的人"信誉不可靠"或"无还款能力"等。那样既不符合银行的职业道德，也意味着断了自己的财路，因为说不定银行方面看走了眼，这些人将来飞黄腾达了呢？所以，银行方面的人总是用条件法来拒绝不合格的发放对象。既拒绝了对方，又让别人无法生气，这就是条件法的威力所在。

6. 迂回补偿拒绝法

谈判中有时仅靠以理服人、以情动人是不够的，毕竟双方最关心的是切身利益，断然拒绝会激怒对方，甚至交易终止。假使我们在拒绝时，在能力所及的范围内，给予适当优惠条件或补偿，往往会取得曲径通幽的效果。

某年，市场上钢材特别紧张。有个专门经营成批钢材的公司生意非常兴隆。一天，公司经理的同学来找他，说急需1吨钢材，而且希望价格特别优惠，要求比市场上的批发价还低10%。公司经理因为过去的同窗好友，实在无法毫不留情地加以拒绝，所以就巧妙地用补偿法来对付这位朋友。他对朋友说，本公司经营钢材是以千吨为单位的，无法拆开1吨来给他。不过，总不能让老朋友白跑一趟。所以他提议这位朋友去找一个专门经营小额钢材的公司。这家小公司和他们有业务往来。他可以给这家小公司打招呼，以最优惠的价格（毫无疑问，这一"最优惠"的含义是模糊语言。因为再优惠，也不会比市场批发价低10%）卖给他1吨。这位朋友虽然遭到了拒绝，但因为得到了"补偿"，所以拿着他写的条子，高高兴兴地去找那家小公司，最后以批发价买了1吨钢材。

7. 笼统答复拒绝法

对谈判对方的要求，给予笼统的答复，也是拒绝的一个好方法之一。

有一位广告公司的负责人曾介绍经验说，对那些携带自己的画来应征的年轻人，如果不满意他们的画，他就会用如下笼统的语言打发他们走：

"唔——我不太看得懂你的画，请画一些我能看得懂的画来吧……"

"我今天很累，也许是昨夜工作得太迟的关系……"

这种拒绝是很笼统的。"我不太看得懂你的画"，那么"我能看得懂的画"

又是什么？对方不清楚他的意图，怎么画？这样，对方失去了进攻的目标，只好悻悻退下。

这种方法，可以不让人感觉到被拒绝，却巧妙地达到了拒绝的效果。

谈判的终极目的是共赢

利益始终是谈判的第一需求与第一目的。所以，为了获得谈判的双赢，应该努力寻找与合作伙伴的利益共同点，实现各自利益的最大化。

有一位妈妈，她把买回来的一个橙子给了自己的两个孩子。接过妈妈给的橙子后，两兄弟就开始商量如何吃掉它。弟弟希望把橙子用来做蛋糕，因为他喜欢吃橙子味的蛋糕；而哥哥则希望把橙子榨成果汁来喝，因为他更喜欢喝橙汁。兄弟俩的喜好不一样，于是他们俩争来争去，谁也不肯相让。最后为了满足双方的不同喜好，他们决定一人一半，然后每个人用自己的那一半橙子来做自己想吃的东西。于是，哥哥负责监督，弟弟则负责切橙子。

半个橙子拿到手之后，哥哥马上把皮剥掉，用果肉做成了果汁，而果皮则被他直接扔进了垃圾桶。相反，弟弟把剥下来的橙子皮磨碎，拌在面粉里烤成了橙味蛋糕，却把果肉随手扔进了垃圾桶。父亲看到两个儿子的做法，问他们："为什么你们不把整个橙子的果皮用来做蛋糕，然后把整个果肉用来榨汁呢？"听了父亲的话，兄弟俩好像突然意识到了什么。过了几天，父亲又拿了一个橙子给两个孩子，想考验一下自己对他们的教育效果。

哥哥这天却想要整个橙子，既想用橙子皮做蛋糕，又想把果肉榨成橙汁。因为这一天他正好想与自己的同学开个派对。于是，哥哥就悄悄地对弟弟说："你上次欠我的棒棒糖不用还了，只要你这次答应把整个橙子都给我。"这时的弟弟并不知道，其实哥哥的牙齿已被蛀得不能再吃糖了。

思考了一会儿，弟弟觉得这样对自己来说还挺划算的，就答应了哥哥的条件。而他因为准备买棒棒糖还给哥哥，刚刚从母亲那儿要来了 5 元钱。这样一来，他就可以用这 5 元钱去玩游戏了。对他来说，橙子汁当然跟玩游戏的乐趣是不能相提并论的。

第一次分橙子的时候，两个孩子虽然看似公平地各拿到了一半橙子，但是他们也都因此没能充分利用各自得到的东西。由于在事先的沟通中，两个孩子没有相互申明各自的利益所在，导致了双方盲目追求形式上的公平却造成了立场上的不公平。所以，双方各自的利益并没有在谈判的过程中实现最大化。

后来，为了让两个孩子能够充分地交流并得到各自所需，父亲提出了将橙子皮和果肉分开，一个拿果肉去榨汁，另一个拿皮去做蛋糕的好方案。可见利益的变化才是真正的促导诱因。

在第二个橙子的分配中，哥哥为了得到整个橙子，用自己并不需要的糖作为交易的条件。而弟弟为了解决打游戏缺少资金的问题，就答应了哥哥提出的交易。最后，二人都得到了各自的利益。这很好地体现了利益不同所带来的价值，也就是将其他利益综合到一块儿来商议，这样就提升了双方的利益。

上述故事说明，好的谈判者并不是死守立场，不让寸步，而是要与对方充分交流，从双方的最大利益出发，拿出不同的解决方案，以相对较小的让步来换得最大的利益，而对方也是在按相同的原则来取得交换条件的。如果此时还存在达成协议的障碍，那么就不妨换位思考，替对方想一下，帮助对方扫清达成协议的所有障碍。这样，最终的协议何愁达不成呢？

第十一章

打造属于你的智囊团

一个人不可能解决组织经营过程中遇到的所有问题，没有一个人能有所有职位所要求的学识、精力与时间。因此，中层领导必须学会利用"外脑"，靠一个智慧团队比单靠一个人的智慧更能立于不败之地。

学会借用他人的智慧

一个人，不管他的能耐有多大，他的智慧和才能都是有限的。唯有借助他人的能力和智慧，取长补短，为己所用，才能达到成功的目的。特别是在信息高速发展的今天，更离不开他人的智慧和支持。

我们都知道，蚂蚁是生物界中体形较为弱小的一种，由于个体的弱小，所以蚂蚁们特别懂得与其他生物取食共生，互惠互利。单个的蚂蚁在外面觅食或是侦察时，也从来不逞一时之勇，而是善于借助他人的力量，与他人相互合作。

而且蚂蚁还知道，如果它不懂得合作，不懂得借用集体的力量，就无法促使整个蚁群生存下去。阿基米德说过："给我一个支点，我就可以撬动整个地球。"对于领导来说，这个支点，就是他人的智慧。能够发现他人的才能，并能为己所用的人，就等于找到了成功的力量。聪明的领导总是善于从别人的身上汲取智慧的营养补充自己，从别人那里借用智慧，比从别人那里获得金钱更为划算。

在西北一个村庄里，有个目不识丁的农夫在自己后院里挖到了两百多个破旧碗、盘。他听人说这些破旧碗、盘是古董，应该很值钱的，但到底值多少钱，他心中没一点谱。怎么办呢？于是他想到了一个办法。

他先到古玩市场上去放风，就说家里有刚刚挖到的一些碗、盘，果然，那些古董贩子便趋之若鹜，都跑到农夫家里看货去了。农夫把所有的破旧碗、盘都一一展示在草地上，对古董商说："你先挑，挑好了，咱们再来谈价钱。"古董商一番精挑细选后，相中了5个小盘子，然后问农夫多少钱，农夫反问："你想出多少钱？"古董商说："这5个盘子，每个盘子我出200元。"农夫听后说："太少，每个1000元我才卖。"古董商觉得太贵，于是，交易宣告失败。但是这正是农夫想要的结果，他因此知道了这5个盘子应该是其中比较值钱的。后来，又有不少人前来农夫家里看货，农夫都以同样的方法对待，由此农夫知道了哪些碗、盘有人要，哪些是最值钱的，哪些根本就一文不值。结果可想而知，农夫手里的货都以理想的价格出手了。

上述故事非常值得我们回味，一个对古董一窍不通的农夫，是凭什么将手中的碗、盘卖出最好价格的呢？用现在流行的话来说，就是借用他人的智慧办了自己的事情。

不错，人无完人，金无赤金，没有一个人能掌握所有知识。要想补缺自己的短板，唯一的办法就是借力——借用他人的智慧。

荀子在《劝学》一文中曾形象地说明了借力的作用："登高而招，臂非加长也，而见者远；顺风而呼，声非加疾也，而闻者彰。假舆马者，非利足也，而致千里；假舟楫者，非能水也，而绝江河。君子生非异也，善假于物也。"

纵观很多成功者，他们的先天条件和一般人并没有什么两样，只是他们善于借力罢了。譬如马云，难道他的智力就像他的成功程度一样，就比普通人强无数倍？显然不是，只是他善于借用所有消费者通过淘宝等平台消费为他创造财富罢了，哪怕1个人奉献1元钱，想想全国十几亿人，因此，他是可以轻松赚十几亿元、几百亿元的。

作为一个中层领导者，当你有了切实可行的行动计划之后，不妨把你的梦想蓝图、未来展望，与你的家人、亲友、同事等协商。律师、金融从业人员、会计师也不失为帮你出主意的好对象，多向他们请教，听听不同的声音。

学会把你身边有智慧的人充分调动起来，形成一个智囊团，在你招兵买马、找智囊团成员之前，别忘了以下几点：这些人对你各有何帮助？这些人的才能与经历能帮你什么忙？你如何回报他们与你合作的诚意和贡献？你的事业是否可以助他们实现梦想？

有了智囊团之后，还要广泛接受大家的意见，多和不同的人聊聊你的构想。与人讨论你的计划时，要给对方畅所欲言、批评指正的机会。他们会提出许多问题，甚至会指出你从未留心的地方，点出你看不见的不足之处。在这股动力的驱使下，你必须一一找出答案，这样可以把眼光放得更远，做到未雨绸缪。你接触的人际范围越广，决心就会更坚定。多用点脑子来观察身边的事物，多用些时间来倾听各类意见，多观察别人对你的做法有何反应。从这些与你聊过的人当中你可以发现，谁愿意与你一路同行，谁又会扯你后腿，然后再对你身边的人进行选择，找到真正可以共同发展的伙伴。

如果你碰上向你浇冷水的人，不妨想想他们不赞同你的原因是否很有道理？他们是否看见了你看不见的盲点？他们是不是以偏见审视你的想法？问他们深入一点的问题，请他们解释反对你的原因，请他们给你建议，并中肯地考虑。

充分发挥智囊团的作用

什么是智囊团？智囊团又称智囊集团、思想库、智囊机构或顾问班子。是指专门从事开发性研究的咨询研究团体。它将各学科的专家、学者聚集起来，运用他们的智慧和才能，为企业的发展提供领导者满意的方案或优化方案，智囊团是现代领导管理体制中的一个不可缺少的组成部分。

战国时期纵横天下的两个说客张仪、苏秦，他们游走在各国，目的就是想成为各国的智囊团。而历代帝王欲成王称霸，如愿与否，与他们能否重用智囊团，也有密切的关系。

汉高祖刘邦之所以能打下"开汉四百年"的江山，与他能善用张良、萧何、韩信等汉初三杰不无关系。反观项羽，他不能重用范增，以致兵败乌江，空留"霸王别姬"的感人场面。

元世祖忽必烈重用汉族谋士刘秉忠为"缁衣宰相"，刘秉忠为世祖的称帝出谋划策；东晋符坚不听道安大师之劝，故有淝水兵败，导致亡国，由此可见智囊团的价值。

文王礼请姜太公、刘备三顾诸葛亮。所谓"三人行必有我师""愚者千虑也有一得"，此皆为善用别人智慧的例子。

一代女皇武则天任狄仁杰为相，尊其为"国老"，并让他大胆推介人才，这才使张柬之、姚崇等人有了用武之地。汉朝吕后为了巩固太子刘盈的地位，求计于张良，经过张良的穿针引线，把刘邦无法请动的"商山四皓"延为宾客，终于确立太子的地位。

战国时候，齐国的孟尝君喜欢招纳各种人做门客，号称宾客三千。这些门客各施才能，对孟尝君成就大业起了不可忽视的作用。

有一次，孟尝君率领众宾客出使秦国，秦昭王将他留下，想让他当相国。孟尝君不敢得罪秦昭王，只好留下来。不久，秦国大臣们纷纷劝谏秦王说："孟尝君不能留下，他出身王族，在齐国有家有室，怎么会真心为秦国办事呢？"秦昭王顿觉不对，随即改变了主意，把孟尝君和他的手下人软禁起来，只等找个借口杀掉。

秦昭王有个最受宠爱的妃子，只要这妃子说一，昭王绝不说二。孟尝君派人去求她救助。妃子答应了，条件是拿齐国那一件天下无双的狐白裘（用白色狐腋的皮毛做成的皮衣）作报酬。这可叫孟尝君作难了，因为刚到秦国，他便把这件狐白裘献给了秦昭王。就在这时候，有一个门客说："我能把狐白裘找回来！"说完就走了。

原来这个门客最善于钻狗洞偷东西。他先摸清情况，知道昭王特别喜爱那件狐裘，一时舍不得穿，放在宫中珍藏起来了。他便借着月光，逃过巡逻人的眼睛，钻进贮藏室把狐白裘偷出来。妃子见到狐白裘如获至宝，想方设法说服秦昭王放弃了杀孟尝君的念头，并说好过两天为孟尝君饯行，送他回齐国。

暂脱险境的孟尝君哪敢再等两天，立即率领手下人连夜逃跑。到了函谷关，正是半夜。按秦国法规，函谷关每天鸡叫才开门，半夜时候，鸡怎么能叫呢？大家正犯愁时，只听见几声"喔，喔，喔"的雄鸡啼鸣，接着，城关外的雄鸡都打鸣了。原来，孟尝君的另一个门客会学鸡叫，而鸡是只要听到第一声啼叫就立刻会跟着叫起来的。怎么还没睡踏实鸡就叫了呢？守关的士兵虽然觉得奇怪，但也只得起来打开关门。孟尝君众人得以连夜逃脱。

试想，如果孟尝君没有那一帮门客给他做智囊团，他早成了秦昭王的刀下之鬼了。

智囊团作为领导的"外脑"，为领导提供决策参考，领导者在听取智囊团意见时，经常的情况是大家的意见大相径庭，这就要求领导者找出它们的共同点。首先，要求领导者对各种方案虚心听取，不做任何判断，并在各种方案的不同点中找出共同点来。接着，对不同意见进行分析、处理，使之汇集成为一个新的方案。这种求同存异的方法有下面几种技巧可用：一是利弊分析法。由于各种方案迥异，领导者可引导大家对各种方案进行利弊分析，促使各方以利补弊，弃弊趋利，互相取长补短，达成共识。二是边际分析法。这种方法是增加决策智囊人员，看他们对不同意见的看法，如果新增人员较多地倾向于一种方案，则该方案较优。三是冷却法。即让争论双方暂时平息争论，冷静下来进行反思，隔一段时间后再组织起来加以讨论。这样能够使大家有一个清醒的认识，反复权衡，选择出最优方案。

总之，领导者既要充分发挥智囊作用，又要具有最终决策的独立性；既要科学地运用智囊团的参考方案，又要保证自己决策的有效性。在激烈竞争的当今，领导者应该充分发挥智囊团的作用，灵活、有效地动用智囊团，使自己的决策处于合理的构架之中，并在实践中立于不败之地。

智囊团成员的要求

古人对智囊团成员的素质也是有要求的，并非来者不拒，因为稍有不慎就可能会葬送了事业。

《三国演义》中的马谡可以称得上满腹经纶，他是一个熟读兵书战略的风云人物，他深谙军事理论，曾在诸葛亮帐下出谋划策当过智囊团的主要谋士，还在北伐中原时提出使用反间计，使魏主曹睿削去了司马懿的兵权。可是当他身为街亭之战的主将时，却因为听不进别人的意见，导致街亭失守，酿造了一出不应该发生的悲剧。当时，与他一起领兵的大将王平，曾一再劝说他不要屯兵于山丘之上，可马谡自以为聪明，听不进任何人的意见，更谈不上借用他人的智慧，结果街亭失守，自己的性命也被白白地葬送了。

还有战国时期的赵括，他是大将赵奢的儿子。赵括从小熟读兵书，张口爱谈军事，别人往往说不过他。因此很骄傲，自以为天下无敌。然而赵奢却很替他担忧，认为他不过是纸上谈兵，并且说："将来赵国不用他为将便罢，如果用他为将，他一定会使赵军遭受失败。"果然，公元前259年，秦军又来犯，赵军在长平坚持抗敌。那时赵奢已经去世。廉颇负责指挥全军，他年纪虽高，打仗仍然很有办法，使得秦军无法取胜。秦国知道拖下去于己不利，就派人到赵国散布"秦军最害怕赵奢的儿子赵括将军"的话。赵王上当受骗，派赵括替代了廉颇。赵括自认为很会打仗，死搬兵书上的条文，到长平后完全改变了廉颇的作战方案，结果四十多万赵军尽被歼灭，他自己也被秦军箭射身亡。

由此可见，智囊团中的成员务必要有较高的素质，否则，终将被其坏事，遗恨终生。

那么，作为领导者如何对你的智囊人物进行综合考察和选择呢？

1. 智囊人物应有一两个学科受过良好的训练

智囊人物重在一个"智"上，要想发挥他的"智"，那就要求他有较为宽广的知识面，至少应该有一两个学科受过良好的训练。因此，领导者选择的智囊人物首先是专家，其次是杂家，是专家中的杂家，专才中的通才，专中有博，以专带博。没有专深的学问，对问题的研究就必然缺少深度，而知识面太窄，又会限制他们的视野和综合分析问题的能力。

2. 智囊人物要有跨专业的合作精神

智囊人物要求是通才，光靠一个专业的能力是不够的，要实现多"兵种"协同作战的能力。所以，领导组建的智囊团就得要求智囊人物乐于并善于同其他专家合作进行研究工作。不懂得依靠群体智慧的必要性和重要性，不善于同其他专家合作，而只想凭着个人本领包打天下的人，对于"智囊团"来说，是不称职的。

3. 智囊人物应是甘当无名英雄的人

智囊团的任务是为领导者决策服务，因此，智囊人物的意见一旦被领导者采纳，就成为领导者的意见；如果被否定，不论如何高明，也无法变成现实。所以，智囊人物必须是不计较个人得失，具有献身精神，甘当无名英雄，情愿从事幕后出谋划策工作的人。

如何构建你的智囊团

在现实中人们常会看到，有的企业人才济济，但是效率却不高，甚至出现了"龙多不治水"的现象。这是为什么呢？原因很多，但卡耐基认为其中有一条重要的原因，就是智囊团组合不合理。不同人才的合理组合，可起互补作用，形成最优的人才群体，创造出一种新的、协作的力量，从而形成系统最佳的整体效应。

现代管理原理中的"系统原理"告诉我们，一个系统的整体效应大于各个孤立的部分之和。这就是说，在一个系统中，从各个构成要素来看，其能量可能不是很高，但是，只要这些能量不高的单个要素按照系统的特性有机地加以组合，就可以使总体能量大于各个构成要素能量之和。人才开发也必须按照系统原理讲究科学的组合，把各种不同性格、不同气质、不同爱好、不同知识、不同能力的人，像安装一台大机器一样，把他们各自安放在恰当的位置上，使之运转自如，发挥出最大的效能。

通过各方面人才的有机组合而形成的智囊团，可以使每个成员的才能在这个结构中得到最大限度的发挥，从而获得最佳的整体效应。也就是说，智囊团的作用是双重的，一方面科学合理的人才组合可以充分发挥人才的最佳效能；另一方面人才效能的最佳发挥将产生出最佳的群体效应。

三国时刘备集团就是一个较佳的组合群体。在智力结构方面，有高瞻远瞩、文武双全的刘备掌舵把向，有满腹经纶、足智多谋的诸葛亮运筹帷幄，有所向披靡、英勇善战的关、张、赵、马、黄五虎上将驰骋沙场；在个性结构方面，刘备宽怀大度，诸葛亮老成持重，关羽义重如山，张飞暴烈似火等。这种组合，可谓是珠联璧合，相得益彰。

企业的领导班子也要实现人员组合上的合理和完善，否则是不会产生出最佳整体效应的。同样，一个部门、一个车间、一个班组、一个课题攻关小组也都应该按照这样的要求来进行人员组合。要实现科学的智囊团组合，一般应遵循下面这些原则。

1. 讲究效率的原则

智囊团最大的隐患就是人浮于事。所以，一个智囊团要发挥出较高的工作效率，还要改变"因人设事""有个和尚立个庙"的做法。正确的做法应该是"因事设人"，根据工作需要设立组织机构，并且要执行严格的定员制度。有人认为："出人才的地方，往往是工作多而人手少的单位。"这句话是有道理的。因为，每个人都干着稍稍超过自己能力的工作，这就形成了一个必须自己去经受锻炼、克服困难的环境。根据较高的工作效率有助于人才的成长和提高的道理，对于已形成的超编人员，或让他们去学习和提高，或让他们改做别的工作，不可让他们挤在一起互相摩擦、抵消能量。这样做，才是真正地爱惜人才。

2. 志同道合的原则

俗话说，道不同，不相为谋。所以，选择智囊团的成员时，一个重要的原则就是选择那些志同道合的人。这在心理学上是有依据的，管理心理学认为，在企业里除了正式群体外，客观上还存在非正式群体。这种群体不是正式规定的集体，但却寓于正式群体之中。其成员之间的相互关系带有明显的情绪色彩，以个人之间的喜好和感情为基础。这种群体形成的原因有三个：一是观点上的一致，二是兴趣爱好上的一致，三是经历和背景类似（如同学、同乡、邻居等）。健康的、正常的非正式群体能够为正式群体的目标实现发挥积极的作用。反之，则具有消极的甚至破坏的性质。因此，坚持志同道合的原则来组织智囊团，可以防止不健康、不正常的非正式群体产生，从而有利于正式群体的目标实现。

3. 人才互补的原则

我们知道，人才互补、各司其职，这是一条重要的用人原则。人才互补的内容，因为工作的性质和目标不同而有所区别。就拿《西游记》里的取经团队来说，这个团队中的每一个人都是不可或缺的。正如马云所言："有了猪八戒才有了乐趣，有了沙和尚就有人担担子，少了谁也不可以，互补，相互支撑，关键时也会吵架，但价值观不变。我们要把公司做大、做好。阿里巴巴就是这样的团队，在互联网低潮的时候，所有的人都往外跑，但我们的员工流失率是最低的。"

4. 引导协调的原则

如果我们只是硬性地把一些人搭配在一起，是不可能产生最佳的整体效应的。解决的办法就是因势利导，做好协调工作，兼顾诸多方面的实际与可能，尽量求得比较满意的组合。

智囊团组合不等于把许多人才简单地搭配在一起，必须贯彻以上原则，把他们有机地组合在一起，才能达到智囊团结构的最优化，更好地发挥人才的作用。

如何建设高效的智囊团

这里智囊团指专职从事研究工作、给本单位领导当参谋出主意的政策研究室或研究中心一类的机构。要建设一个好的智囊团，必须注意以下几个问题：

1. 智囊团人员的素质要高

智囊团成员第一，要具备超前的事业心，乐于出谋划策，能全力以赴地履行自己的职责；第二，要有广阔的知识面，不能拘于某一方面的知识，因为一个好的主意是在多方知识撞击的情况下诞生的，只有广阔的知识面，才能激发出灵感的火花；第三，要有敏锐的大脑，具备一定的创新精神，敢于想别人不敢想的问题，善于从多方面考虑问题，有缜密的思维能力和较强的调查研究能力；第四，正直诚实，善于解决问题而不是玩弄人际关系，要敢于提出不同的看法和意见；第五，要有良好的沟通能力，包括文字写作能力和口头表达能力，试想，一个对自己思想都表达不清楚的人，被听者又怎能理解你的意思；第六，谦虚谨慎，实事求是，善于同上下左右协作配合。

2. 智囊团的结构要合理

首先，是年龄结构要合理。既要有老谋深算、老马识途的年长者，又要有年富力强的中年人，还要有朝气蓬勃的青年，使他们在经历、气质、智能等方面进行互补。

李嘉诚的成功与他合理设置智囊团有着密切的关系。创业之初，李嘉诚做每件事也都是事必躬亲。但当企业发展到一定阶段后，李嘉诚开始组建自己的智囊团了。其成员中最引人注目的一位是霍建宁，长实系的投资安排、股票发行、银行贷款、债券兑换等，都是由霍建宁策划或参与抉择；另一位是周年茂，他早年赴英专修法律，回港后进入长实，被李嘉诚指定为公司发言人，两年后当选为长实董事，1985年提升为副总经理，负责长实系的地产发展，并代表长实参与政府官地拍卖；还有洪小莲，她原任李嘉诚秘书，后来任长实董事，不到 40 岁，就全面负责楼宇销售。到了 20 世纪 80 年代中期，长实的管理层基本上实现了新老交替，各部门负责人大都是 30~40 岁的少壮派。

西方管理学者卡尼奇说："当一个人体会到他请别人帮他一起做一件工作，其效果要比他单独去干好得多时，他便在生活中迈进了一大步。"这就是智囊团的魅力。

其次，是知识结构要合理。科学决策是多目标、多因素、多变量的综合性极强的工作，因此必须由多学科的专家组成。既要有社会科学工作者，又要有搞专业学科的人，这样，不仅能集中各种智慧，全方位地考虑问题，而且多学科交叉融合，还可能形成新的有益的思想。

3. 要为智囊团的工作创造条件

出谋策划是智囊团的职责。领导者要想从他们那里得到好点子就要舍得下本钱，给他们创造学习和思考的条件。例如，给予一定的经费支持，办公场所要清静，其他硬件设备也应一应俱全；对他们的生活要关心，使他们免除后顾之忧；对好的研究报告和建议，应作为重要成果给予奖励；对研究人员应根据其不同的水平授予不同的专业职称等。这些，都是保证他们进行正常工作的基础条件。

4. 要把智囊团办成开放型的智力机构

智囊团要设在一个开放型的环境里，不要把他们困在一个封闭式的机构里，否则他们是拿不出好主意的。要尽可能扩大他们同外界的联系，让他们多参加一些社会活动，比如学术讨论会，多到外面去走走，以开阔眼界，这样，他们手头的新鲜资料才能多、信息才能灵，从而使研究工作的深度和广度达到一个新的水平。

其实，很多普通的企业是不具备设置智囊团的实力的，因此，身为领导者就要善于从其他方面进行弥补。一是把本组织内部的人才利用起来，建立兼职的"智囊团"；二是请大专院校、研究机关及社会上有关专家当智囊；三是充分利用社会上的咨询机构，遇有重大决策时就请他们来论证和解决。值得说明的是，倘若你的单位有专职智囊团，也不应忽视上述几个渠道的作用，因为只有这样，决策才能更合理、更科学。

充分发掘下属的智慧

松下幸之助非常重视利用下属的智慧，他的用人思想启发和指导了无数管理者，他的领导观点主要有以下几个方面：

1. 开发人才就是投资未来

企业要发展，人才是第一资源。在知识经济时代，决定企业发展的，已经不仅仅是物质资源，还包括人才资源。拥有了人才，就拥有了竞争优势、发展优势，就拥有了核心竞争力、综合竞争力。纵观世界其他优秀的企业领导，他们普遍认为，虽然人才投入见效周期比较长，但回报率很高，甚至决定一个企业未来的发展走向。因此，作为领导要进一步强化"开发人才就是投资未来"的理念，舍得投入，敢于投入，超前投入，较大幅度增加人力资本投资比重，逐步建立并完善多层次、多渠道的人才开发投入机制。

2. 鼓励下属提建议

好的建议制度能促进全企业职工同心协力，它使职工对自己的工作发生兴趣，对自己的工作考虑得更多，并且总是设法去改进自己的工作。

谷歌公司每天都会给员工 20% 的自由时间，也就是这 20% 的时间，为谷歌创造了 Gmail、Orkut 等很多优秀的产品。在我们很多企业中，领导也非常重视员工建议，也很鼓励员工提建议，但由于种种原因使员工建议不能很好地为企业所用，一方面降低了员工提建议的积极性，另一方面也在一定程度上阻碍了企业创新氛围的形成。

在通用电气公司里，每年约有 2 万～2.5 万名员工参加"群策群力"会，时间不定，每次 50～150 人，主持者要善于引导大家坦率地陈述自己的意见，及时找到生产上的问题，改进管理，提高产品和工作质量。员工尚且如此，公司的各级领导层更加注意集思广益。每年 1 月，公司的 500 名高级主管在佛罗里达州聚会两天半。10 月，100 名主要领导又要开会两天半。最后 30～40 名核心主管则每季度开会两天半，集中研究做出准确、及时的决策。

凡事多听听他人的意见是有好处的，与人商量还可启发你自己的思路，要善于利用他人的智慧，不要认为天下只有你一个人有主意。此外，如果你与别人商量办事，别人也会与你合作得更好。毋庸置疑地说，员工是不喜欢他们的领导者包办一切的，他们也愿意参与管理，没有一个人愿意像木偶那样被摆布。如果你的员工感到他们也参与了做决定，那么他们一定会更加热心地去执行最终的工作任务。

3. 处理好不同的意见

不少企业都存在着这样一种文化，就是管理者说一不二，意见不容任何反对，没有人敢于提出反对意见。康诺思战略咨询公司的管理合伙人理查德布朗认为，如果把缺乏公开的反对声音误认为意见统一，那无异于自欺欺人。他说："高声吵闹、面红耳赤地争论以及拍桌子叫嚷比起退缩、被动、忍气吞声地接受对企业造成的机能障碍要小得多。因为沉默并不代表着别人都同意了你的观点，大家不过是暂时把怨气咽下，但一有机会便四处散播，其结果是军心动摇，人心涣散。"

松下说："不回答有争议或不负责任的指控，让事情自然烟消云散。如果回应或据理力争，只会满足那些人，并点燃他们累积的敌对和愤怒的心理，到头来只会落得遍体鳞伤。他人的缺点将传染给你，成为以后误解、指控与争辩的原因。'让事实说明一切'，来自内心的平心静气，让你不再急于抢答与争辩。这种平和的心境，来自于对良知和负责任的态度。"

4. 要有独立思考的下属

一个领导最大的困境就是他的下属都是一帮唯唯诺诺的没有思想的庸才，在这帮庸才的阿谀奉承下，他逐渐失去了斗志，最后也变成了一个庸才。反观那些精明的领导者，他们周围总有一批敢于发表不同意见、敢于思考问题的人。他会剔除那些卑躬屈膝、专事奉承的人，因为他知道，如果不把这群人剔除，他们必将把他置于困境。领导者不是完人，他也很可能做出错误的决定，这就是为什么在一个领导者周围需要有一批独立思考的人的意义所在，为的是便于纠正他的错误。

5. 忽略微不足道的小缺点

俗话说，瑕不掩瑜。下属建议中的一些小缺点或许只能用放大镜仔细看才能找到，但是有的上司却因此把下属的整个建议都否定了，这是非常愚蠢的。工作中，你会惊讶地发现不少见解不凡的建议被否定了，原因就是有人发现其中有些小小的缺点。在实践中常常有这样的事情，有些善于吹毛求疵的人认为只要他们发现一个小小的瑕疵，那么整个计划就一无是处，而本来这个计划是会非常成功的，要谨防这种事情发生。

让下属树立主人翁意识

"主人翁"三个字，看似平常，实则，它的内涵非常深刻，那是一种肯定和认同，是一种责任和使命。它是一个完整的概念，倡导的是奉献和投入，是一种难能可贵的自动自发，是一种忘我投入的工作状态。在中层领导的日常管理过程中，要始终树立这么一种意识，即下属的主人翁意识能激发出他们热爱公司的自豪感和使命感，使之自觉地与公司发展同呼吸、共命运、心连心，齐心协力朝着既定的目标前进；能激发出下属的凝聚力和创造力，使之真正将公司当成自己的家，用自己的聪明才智为公司发展作出贡献。

在一次企业高层人力资本论坛上，某知名民营企业家吴先生抱怨中低层员工的"打工者心态"导致人力资本投资收益率大幅度下滑，叹息员工"主人翁精神"的缺失影响了卓越团队的打造。他的抱怨尚未结束就有人站起来质问："打工者只要能打好工就好了，何必强调他在为谁打工？您提出的问题折射出了您的老板心态，对员工的期待超越了他们的岗位职责！您可以要求员工要有主人翁精神，但您的企业氛围给了员工主人翁的感受吗？"在现实中双方矛盾又何尝不是如此呢？

微软总裁比尔·盖茨曾经说过：我们常常讲的主人翁精神，是一个员工所具有的天然禀赋，具有这种精神的人，他的个人利益同公司利益是一致的。微软人有着强烈的主人翁意识，他们认为员工和公司的前途是紧紧连在一起的，这使得他们对于任何事情都是为公司着想，全力以赴。正是微软人具有这种主人翁精神才造就了微软公司今天的卓尔不凡。

作为中层领导，应该从以下几个方面着手全面增强团队员工的主人翁责任意识。

1. 让员工积极参与管理决策

所谓"主人翁意识"就是要当家做主，就有权力决策。因此培养员工主人翁精神最好的办法就是让员工积极参与管理决策，鼓励员工发表不同意见。如果领导不去考虑多种不同意见，那么他的思路往往会非常闭塞。所以，卓有成效的中层管理者往往不求意见一致，反而十分喜欢听取不同的意见。只有通过对立观点的交锋，不同看法的对话，并从各种不同的判断中做出选择之后，领导才能做出这样的决策来。因此，决策的第一条规则就是：必须听取不同的意见。

2. 要充分发挥每个人的主观能动性

如果员工的长项和优点都能在工作中得到有效的发挥，那么人人都是块闪光的金子。尺有所短，寸有所长。针对每个员工的长处和短处，在安排工作时尽量做到因人而异。对能力强又有主见的员工，只要告诉他团队的要求以及具体的实施过程，就可以充分发挥他的长处；对于思想比较保守、依赖性强、踏实肯干的员工，则应有具体的要求，让其明确自己的责任和工作任务；在相互配合协作方面，则要考虑员工的互补性，性子急的可以带动性子缓的，性格外向的可以影响性格内向的，用最佳的组合方式工作就能很快实现团队的目标。

3. 注重员工的培养和成长

在员工使用上，要有预见性、有计划地培养、提拔人才。因为，自己培养的员工能真正跟自己一条心，用起来也会更让人放心。让他们感到在这里能有更多充实自己、提高自己的机会，也有更多个人发展的空间。因此，员工很容易融入这个团队。坚定了他们与团队同命运、共发展的决心，主人翁精神也就随之而产生了。

4. 提升管理者的主人翁意识和领导力

中层领导者是企业的中坚力量，其一言一行都会影响每个下属。员工有没有主人翁意识，首先看管理者是不是有；员工有没有主动工作意识，先看管理者是否有这种意识。管理者的带头作用是不可忽视的，其领导力水平和管理风格会极大地影响到组织氛围，特别是意味着员工积极性和主动性的主人翁精神的树立。

5. 多与员工沟通

从某种意义上讲，管理就是沟通，或者说，沟通是一种更有效的管理。上下级之间的沟通很关键，特别是中层管理人员更应该多与员工沟通。当员工犯了错时，要多找员工沟通和谈心，这样才能保证员工思想和情绪的稳定。员工私心杂念少了，干工作就踏实了，也就能融入这个团队了。

6. 激励到位

主人翁精神及其行为需要内部驱动力和外部激励环境。企业要识别这种行为并及时地给予认可、激励和传播，只有经常被激励和被倡导的思想和行为才有可能成为主流的思想和行为，才能达到理想的管理成效。

如何处理好与智囊团的关系

领导的科学决策必须有智囊团的合作，但是，智囊团的工作是在领导者的委托和指导下进行的，最后也还要由领导拍板定案。智囊团的研究绝不能代替领导决策，也就是说，"谋"不等于"断"，而"断"又离不开"谋"；"谋"是基础，"断"是关键。领导永远是决策的主人。不依靠智囊团的领导者很难成为高明的决策者；反之，一切为专家所左右的领导者也不是一个称职的决策者。因此，领导者正确处理与智囊团的关系，是科学决策的重要一环。那么，作为中层领导怎样才能处理好与智囊团的关系呢？

1.端正对智囊团的态度

智囊团是由各方面专家组成的"谋士"班子，专门就方向、政策等问题开展研究，以供领导决策时参考。

它的职能是为领导者提供实现总目标所需要的各种信息、建议、方案，它的主要精力应集中于研究重大的、长远的问题。因此，不能对他们采用同其他部门一样的领导方式，更不能拿他们当行政人员来使用。

它不是领导者的秘书班子。不能让他们干那些秘书应干的事。

它不是安置多余人员的场所。不能把不大好安排的人员和文化水平不高、身体不好的人都塞到智囊团来，这样他们是难以发挥智囊作用的。

2.不要被智囊团左右，要有自己的观点

专家也是现实社会中的人，也是良莠不齐的，未必都能秉公直言，即使是敢于直言的，他们的意见也不可能百分之百都正确。领导者是决策的主体，处于主导地位，方案有多种，主意还得自己拿。如果自己毫无主见，完全依赖，甚至把拍板定案都推给了智囊团，领导者就是徒有其名，就是失职。

智囊团的作用是帮助领导决策，不能代替领导决策。一个优秀的领导者，既要善于利用"外脑"，在智囊团工作的基础上做出正确的判断和选择，同时又要有自己的头脑，牢记自己的责任，不为智囊团所左右。

3.允许智囊团同自己唱"对台戏"

智囊团的意见，有与领导者想法一致的，也有不一致的，领导者都应当细心倾听，认真分析，如果真有道理，那就要服从科学和真理，而不要怕丢面子。要知道，相反意见本身正是决策所需要的另一种预选方案，只有一种意见就无所谓决策。而且智囊专家是以独立的科学研究为领导决策服务的，能出多少真知灼见才是评价他们工作优劣的根本指标。专家如果没有独到的见解，不敢直言，那绝不是一个好的智囊。

专家的意见，无论领导者采纳与否，对决策都是有重大意义的。如果智囊团的意见和方案有三分之一被采纳，就是一个有用的智囊团；如果有一半以上的意见被采纳，那就是高明的智囊团；但如果百分之百的意见都被采纳，领导者可能就是无能的领导者；当然，如果智囊团的意见百分之百都不被采纳，那

这样的存在就是多余的了。

因此，作为领导者，为了避免决策失误，则应当允许智囊团同自己唱"对台戏"，通过反复比较，全面判断，方有可能获得最佳方案。

4. 必须保证智囊团能够进行独立的科学研究

现代智囊团是一个相对独立的研究机构，它的活动是从客观事实出发，依据科学的论证和实验，做出符合实际的结论，只对事业负责，对自己的研究成果负责。因此，领导者必须尊重他们的独立性，不干涉他们的研究工作，让他们通过研究得出自己的科学结论。领导者可以下达任务，但不能给画框子、定调子，束缚他们的思想和手脚。最坏的做法是：领导者事先拿出一个主观的结论，然后让智囊团去找事实给他作注脚，或引用"科学道理"来论证他的结论的正确性。这种自欺欺人的做法，很难使领导做出科学的决策。

美国著名的管理学家杜拉克，在 1944 年受聘于美国通用汽车公司任管理决策顾问，第一天上班时，该公司总领导斯隆就对他说："我不知道要您研究什么，要您写什么，也不知道该得什么结果，这些都该是您的任务。我唯一的要求，只是希望您将您认为正确的东西写下来。您不必顾虑我们的反应，也不必怕我们不同意。尤其重要的是，您不必为了使您的建议易为我们接受而想到调和折中。"这番话，是很值得各级领导者和专家们思考的。

中层领导利用智囊团的禁忌

智囊团可以为处于困境中的领导者指明方向，摆脱困难，领导者的决策离不开智囊团的帮助。但下述六种不正确利用"智囊"的倾向，则需加以警惕和纠正：

1. 排斥异己意见

很多领导在表面上都很尊重"智囊"的独立性，但在具体操作上，比如在进行决策咨询的时候，就往往失去理性，喜欢挑选那些符合自己心意的"点子"，对那些有悖他喜好的一些声音却加以排斥。

2. 对"智囊"的期望太高

智囊是领导思维的延伸，而非取代领导的思维，有些领导自己没有见地，想通过智囊团提供的点子来实现奇迹，这实是不合理的，也是不切实际的。"智囊"不是"万能博士"，也不是"智慧之神"，更不是"万全之策"。要想成功，主驱动力还是自己。

3. 临渴掘井，当场拍板

不少中层领导在重大决策方案上报前，毫无紧迫之感，决策工作也是违背科学程序而进行的。如果遇到上级领导催报决策方案时，才感觉如临大敌、于是急忙临渴掘井，匆匆召集"智囊"会议，当场就拍板敲定决策方案。

4. 辨清"智囊"素质之良莠

有些中层领导在进行决策咨询时，虽有虚心求教于"智囊"的热心，却缺少认真鉴别其真伪、判断其优劣的"细心"。他们往往是病急乱投医，不辨"智囊"良莠，结果劳民伤财。

5. 越俎代庖，完全依赖"智囊"决策

有些中层领导胆小怕事，懒于思考，不敢决断，完全消极地依赖"智囊"决策。他们对"智囊"唯言是听，唯计是从，没有主见，毫无异议，"智囊"也就越俎代庖，这是违背领导科学基本原则的。

6. 没有选择的余地

某些中层领导在对一项重大工程项目向智囊团咨询时，为求简便省事，只让"智囊"提供一个决策方案，然后就急不可待地执行了。殊不知这样的隐患是很大的，我们知道很多事物都不是一成不变的，都存在变数，如果只有一种方案，没有可供选择的第二种，那么一旦有所变动，哪怕是微小的变动，你这个方案也是不匹配的。所以，在向"智囊"求计时，务必让对方多提供一套备用方案，以防不时之需。

第十二章

不可不知的晋升规则

　　套用拿破仑的一句经典名言"不想当将军的士兵不是好士兵"，在职场上也流传着一句话"不想升职的员工不是好员工"。可以说，升职是每个职场人士的梦想。就如美国钢铁大王安德鲁·卡内基所说："我是不会帮助那些缺乏成为企业领袖的雄心壮志的年轻人的。"要敢于树立目标，不管你目前的职位有多高，仍然应该告诉自己："我的职位应在更高处。"

不可不知的 10 条晋升规则

在我们身边经常会出现这种情况：具有同样的学历，同样的经历和能力的人，有的人能够在短时间内步步高升，而有的人却在原地打转、裹足不前，其中原因何在？一个重要的原因是后者不懂得晋升的法则。一个人如果只是竭尽所能地傻干却不得其法，那极少有晋升的机会。要想得到晋升，就要巧妙地将自己的能力与其他条件，如技能、对人的了解、做事方式等相结合，提高自己的能力和效率，引起领导和同事的关注。下面有关晋升的法则可供参考：

1. 懂得竞赛规则

不以规矩不能成方圆。中层领导要想争取晋升机会，就得懂得晋升的一些规则，否则你都不知道输在什么地方了。下面有三项通用规律可以应付：第一是适者生存。每个单位的组织机构都如"金字塔"，高层职位少于中层职位，中层职位又少于低层职位，依此类推，层层之间存在着自然的抗衡力量，一层压一层，一层离不开一层，无论如何要与之相适应。第二是同级是你的天然盟友。要注意和同级领导搞好关系，如果你疏远那些跟你同级的人，你在单位里即使没有对手，也无法获得成功。第三是适应系统。每一组织里都有一个人事系统，不管你是否喜欢它，你都得了解这个系统，并围绕着这个系统工作。

2. 明白领导的意图

日常工作中不乏这样一种现象，当一个下级竭尽全力完成上级交给的某项任务，沾沾自喜地报告结果时，却挨了一顿批评："你怎么能这样干呢？这不是我的意思！"上级满脸不高兴。之所以出现如此难堪局面，一方面可能是上级当初没有把自己的意图讲明白，使下级难以把握；另一方面则是下级没有真正领会上级的意图，导致行动上出了偏差。所谓意图，通常是指希望达到某种目的的内心打算。这里主要指上级在布置工作、下达任务、发出指令时的本意或精神实质，希望达到的成果或标准。

那么如何领会领导的意图呢？方法有四个：一是注意从领导的言谈中捕捉。

领导的发言和口头交代，是领会领导意图的主要途径。二是从领导的行为中发掘。行为是思想的客观反映，领导的意图必然要通过一定的行为表现出来。因此，对领导意图的把握不仅要善于"听其言"，还要善于"观其行"。三是从领导批示中领会。领导阅读文件、报刊和材料后的批注，蕴藏着领导的思想，悉心研究领导批注中的思想、观点，就能从中把握领导对一些问题的基本看法。四是要善于站在领导的高度观察思考。领会领导意图时，如果站在自己分管工作的局部看问题，往往导致理解层次偏低，得出结论片面。这就要求我们善于围绕领导的主要观点思考，把领导的思想和意图拿准、吃透。

3. 不断学会新方法

有些中层领导为了得到晋升，喜欢在单位里耍些"花招"，或者是做出一些出人意料的事情，自以为能显示出高人一等的才能。如有的人喜欢夸大事情的难度，假如没有他超人一等的能力，没有他最后的英勇奋斗，这件事绝对无法做成。他们这样做无非是想让别人觉得单位少不了他。其实这种人的做法是非常愚蠢的，他的把戏很容易就会让人看穿，因而得到的效果也是相反的。所以，聪明的中层领导要经常退一步观察一下自己的工作方法，或许会发现本来认为对自己有利的做法，其实完全达不到目的。要不断地探寻新方法，别让人摸透你的想法和做法，绝对不要让你的领导有机会说"那家伙又耍他那一套老把戏了"。

4. 知道领导考核的标准

一般来说，领导考核你的表现往往是通过如下三种方式进行的：第一，是工作精神。很多企业都在办公室的墙上挂上"精气神"这三个字以激发员工的精神头，所以，如果你感觉到在工作上缺乏敬业精神，没有点精气神，那么，你就别指望领导晋升你。第二，是注意小节。俗话说，魔鬼藏在细节之中，如果你被一些细节所误，那是要触犯领导神经的，细节决定成败，领导都这么看，成功是靠细节堆积起来的，不注重细节的人，怎么能胜任要职呢？所以平常应注意细节问题的处理。第三，就是马上照办。但凡是领导下达的命令，要立马执行，千万不要推托，这看起来似乎并不重要，但如果你这样做的话，将会给领导留下深刻的印象。

5. 善说"这三句话"

人们往往怕给人留下不好的印象，始终不愿说某些话，其实有些话在一些情况下是需要说出来的。下面的三句话，你是应该说的而且也是需要说的：

第一句话是"我不知道"。在大多数人看来,"我不知道"这句话明显就是向外人显示自己的能力有限,无法胜任自己的工作。但在高手眼里,"我不知道"这句话恰恰是一种睿智的表现,因为这句话是为了获得更多的信息而说,抑或是想与自己掌握的情况相比较而说。这是一种谦虚的态度,比那些时时表现出一副"万事通"的人更能说明你的容量。

汪总是 M 公司的行政副总,向来处事低调,即使对一件事情已有明确的看法了,他仍会表现出并不很了解的样子,然后以温和的口吻说:"我不太清楚,但我对这件事情的感觉是……"汪总的这句话,给人的感觉就是他是一个稳重,严谨对待工作的人。

"我不知道"这句话要说得有艺术,否则,如果你总是不承认有不知道的事,别人对你真正知道的事也会怀疑。

第二句话是"请帮助我"。我们只有在自己无力完成一个任务时才向他人求助,难道这句话背后另有甚玄机吗?是的,一个不肯请人帮助的人是目光短浅、心胸狭窄的,是一个自恃英雄的人。从另外一个角度来说,请别人帮助,是向他人学习的过程,它能够增加自己的见识及专业知识,并能彰显你对组织的价值。还有就是,如果你愿意请别人帮助,也说明你是一个乐于合作,能融入集体的一个人。

值得说明的是,"请人帮助"是有一定限度的,如果你事无巨细总是请求别人帮助,那就说明你是一个缺乏学习能力的人。

第三句话是"我错了"。有一个处事规则,就是说如果你从不犯错误,唯一能说明的就是你从来没有尽过力。人非圣贤,孰能无过,犯错是一个敢于创新的人的特质,没有错误的积累,哪有创新的诞生?一个人肯说"我错了",是其成功的必要条件,它能让成功者敢于正面错误,丢弃以往的错误,重新出发。

6. 充分施展个人才能

俗话说,工夫在诗外。中层领导要想获得上司的认可,获得晋升的机会,其能力并不局限于其每天的例行公事,还包括一些分外之事。正是这些工作之外的表现,才会引起别人的注意。就办公室而言,有四分之三是责任分内的事,而四分之一的事情含有个人的色彩,你在四分之一的事情中能表现多少,便决定你在单位里的地位。

7. 要有很强的进取心

进取心是一名领导想干事、能干事、干成事的精神动力。正如《易经》所言:"天行健,君子以自强不息",作为一名中层领导对待事业要有一颗进取之心，要敢于打破墨守成规，克服"不求有功但求无过"的被动情绪，消除不求上进、不思进取的观念，真正做到敢想、敢试、敢闯、敢破、敢立，做到发展受限不夺奋发有为之志，条件艰苦不移牺牲奉献之情，不断推动企业前进，创造不凡业绩。

8. 千万不要蒙骗糊弄领导

领导最不能让人忍受的就是被下属蒙骗，没有人会提拔说话不诚实、做事不可靠、处处为自己打算的下属。很多人自认为自己做得天衣无缝，能瞒过领导，殊不知，领导对你的小心眼早已看得一清二楚，这样的下属还能指望被领导提拔晋升？

9. 不要乱出风头

虽然善于表现才能被领导看中，但表现可不是闹着玩的，如若出现差错，反被自己的表现砸了自己的脚。这里给中层几个建议：第一，你必须了解应该在什么时候融合在团队中，却同时能表现得比别人更为突出。第二，你必须把个人的问题和工作上的问题分清楚，只有在时间、场合都很恰当的时候，你才能找机会"出风头"，引起领导的重视，否则会招惹同事的妒忌。

10. 多为他人着想

当身为中层的你需要其他部门配合的时候，你应该先问问自己："我应该怎样做，才能使他们处理起来更方便呢？"如果你有问题要询问其他部门，必须先确定他们是不是能回答你的问题，你的态度应该让其他部门的人觉得你是在跟他们合作，而不是他在为你工作。如果能这样做，你将会发现，当你需要同事的帮助时，他们一定会全力支持你。

时刻不忘给自己充电

2019年，你的"电量"还剩下多少？过去的一年有没有给自己不定时"充电"呢？

如今，人工智能的发展会替代部分现有的就业岗位，同时会增加人工智能相关新岗位。由此看来，未来人类想得到一份满意的工作，不仅要与同类竞争，还得掌握机器人不会的技能才有竞争优势。

很多时候我们在进入职场之后便一头扎进工作中，每天都在为工作而四处繁忙，进而忽略了继续学习的机会。久而久之就忘记了这种意识，但那些职场中的成功人物，无一例外的都是进入职场后不断给自己充电，争取更多时间去总结和完善我的人。

有观点认为，未来社会只有两种人：一种是忙得要死的人，另外一种是找不到工作的人。出现这一现象的一个重要原因，就是因为就业竞争加剧了知识的折旧。美国有专门的机构调查结果显示，现在职业半衰期越来越短，所有高薪者若不学习，5年后就会变现成低薪者。

很多人都知道"打工女皇"吴士宏，她的成功就是一个不断学习不断进步的过程。她曾经只是北京椿树医院的一位护士，1985年，获自学高考英语专科文凭后，通过外企服务公司进入美国国际商业机器公司，任办公勤务。一年后获培训机会进入销售部门。因业绩突出不断晋升，从销售员直至美国国际商业机器公司华南分公司总经理，被尊为"南天王"。1997年任美国国际商业机器公司中国销售渠道总经理，9个月内完成全年销售指标的130%。12年半在美国国际商业机器公司一路冲杀，为其开拓中国市场立下了汗马功劳。1998年出任微软（中国）公司的总经理，1999年"因个人原因"辞职，在IT业引起震动。1999年10月出任大型国有企业TCL集团常务董事、副总裁，TCL信息产业集团公司总裁。我们知道，如果没有不断学习的热情，相信她也不会有现在的成就。

中层领导要想在激烈的竞争中获得晋升也必须如此，必须经过自己不断地学习，积累深厚的功底，才能在职场中游刃有余，取得不凡业绩，获得晋升的机会。

那么，中层领导如何给自己充足的电源呢？

1. 去"气"养"气"

此处所说的去"气"养"气"，是指去掉自己身上的轻浮之气，培养自己的和气。很多刚刚晋升为中层的人，身上都带有一股很浓的轻浮之气，做事情不懂得克制和忍耐，往往上司说几句就不行了。所以，中层领导要学会控制自己的情绪，克制自己狂躁的情绪。然后，我们需要学会养气，即圣人云："善养浩然之气。"中层领导上任第一要学的就是去"气"养"气"，修炼自己的心，要懂得做事先做人。

2. 专心做自己的事情

中层领导的工作是有难度的，因此不要去抱怨自己的职位，不要羡慕或者嫉妒别人为什么工作比自己好做。正如韩愈所言"闻道有先后，术业有专攻"。那么如何做好自己的事情呢？每个人的精力都是有限的，所以要在有限的精力里，最大限度地发挥作用。在工作中，你先选择最重要的事去做，把其他的事放到一边，做点少一点，就做得好一点，才能在工作中得到更多的快乐和成就感。

3. 敏而好学，不耻下问

中层领导要有一种不耻下问的精神。松下幸之助在早年创业的时候很多东西都不懂，他就去请教别人，甚至跑到零售店里咨询那些销售人员，这些为他创业打下了坚实的基础。后来，他的事业做大了，他的这种学习方式和精神"传染"了公司的每个员工，很多前来合作的股东对他说："你的员工和你一样精明。"这种学习方式和精神成了松下公司的企业文化。

4. 不断学习，永无止境

用现在一句流行的话来说，就是学习是一种信仰，学无止境！中层领导要想提高你的管理水平就要不断学习，不断给自己充电。职场上有一句话"对于那些致力于工作，并注意工作质量和工作效率的人，升职的机会会更多"。这就是为什么有的人工资就是比你高的原因，那是他不断学习的结果。所以，一方面我们要通过各种渠道来给自己充电；另一方面我们要树立竞争意识，让自己变得更加有动力。

综上所述，中层领导若想长久保持职场竞争力，就必须不断充电更新知识结构，与时俱进掌握最新技能。现在的社会发展飞速，未来的求职竞争将不再是知识与专业技能的竞争，而是学习能力的竞争。一个人只有不断地学习，才不会被这个时代遗弃，才会走向成功。

踏实肯干是晋升的基础

中层领导能够得到晋升的首要前提是不仅有能力而且又能干。只要你所具有的才干和特长对上司有帮助，上司一定会器重你。我们都知道工作有独立性，能独当一面是中层领导"生存"和发展的必备素质。替上司承担一些棘手的问题，既会让上司觉得在这方面离了你就不行，使你的价值和地位得以巩固，同时又为你以后走上更高的领导地位积累工作经验，锻炼各种能力。

美西战争爆发以后，美国必须立即跟西班牙的反抗军首领加西亚取得联系，因为加西亚将军掌握着西班牙军队的各种情报。但是，美国军队只知道他在古巴的丛林里，却没有人知道确切的地点，因此无法联络。然而，美国总统又要尽快地获得他的合作。一名叫作罗文的年轻人被带到了总统的面前，送信的任务交给了这名年轻人。

一路上，罗文在牙买加遭遇过西班牙士兵的拦截，也在粗心大意的西属海军少尉眼皮底下溜过古巴海域，还在圣地亚哥参加了游击战，最后在巴亚莫河畔的瑞奥布伊把信交给了加西亚将军，因此罗文被奉为美国的英雄。

看过《致加西亚的信》的人也许会觉得罗文所做的事情一点也不需要超人的智慧，只需一环扣一环地前进，因此认为把罗文塑造成英雄有点言过其实。但就是罗文的这种"一步一个脚印"，踏踏实实地把信送给加西亚，才使美国赢得了战争。踏实并不等于原地踏步、停滞不前，它需要的是有韧性而不失目标，时刻在前进，哪怕每一次都只是前进很短的、不为人所注目的距离。然而"突然"的成功大多都来自于这些前进量微小而又不间断的"脚踏实地"。

优秀的中层领导除了要关心工作上的大事外，还要注意办公室一些细小问题，善于把同事和上司忽略的事情承担下来也是一个好下属必备的素质。如果一个中层领导能够注意到一些不起眼的细节，独立地把这类工作承担下来，说明你比其他人考虑得更周全、更细心，也让上司更省心，能替上司处理一摊子问题，当然会得到上司的欣赏。

做好上司的帮手是很重要的。你应该主动接近上司并以你的知识默默地给予他帮助。所谓的知识，就是能猜透对方的心意。比如，上司不擅舞文弄墨，或事务繁忙，作为下属的你就应主动承担起撰稿的任务。稿件完成后，一定先让上司过目，如果上司在你呈上稿件时指出哪里是重要之处，不妨在整理时做上标记，这样既证明你认真听取了上司的意见，同时也可以提醒上司，开会时哪里需重点强调。这样做，上司可能表面上没有任何表示，实际心里一定对你的细心大加赞赏。充分尊重上司的意见，你将被上司视为左右手，受到特殊的礼遇。

向领导巧妙地推荐自己

要想获得一个好职位，如何成功地向上司推荐自己是非常重要的，你必须得让上司知道你每天在干什么。但不管工作能力有多强，如果和上司日常沟通之间存在一些误会，也容易给上司造成一些不好的印象。以下这些常见误区是中层领导应该注意的：

1. 认为与上司接近就是巴结逢迎

很多人都有这么一种想法，那就是把和上司接近看成是一件不光彩的事情，认为只有凭优秀的工作业绩得到上司的赏识才是最正常的途径。殊不知，这种做法是欠妥的，能力就如一颗金子，如果埋在沙子里再怎么发光也难被人发现。

因此，中层领导更应该多和上司沟通，把自己独特的理念、踏实的工作态度传达给上司，这样上司才能了解到你的工作能力，也才能安排合适的任务给你。

2. 把领导当成普通朋友

有那么一部分人喜欢把领导当成好哥们，和领导称兄道弟，认为这是自己能力的体现，其实，抱有这种想法的人犯了一个大错，那就是失去了对领导的敬畏，领导之所以不和你一般见识，是他领导艺术的体现。反观你，却把这种"艺术"错误地理解为江湖义气，甚至就连你对公司的抱怨、对同事的不满都和盘托出给领导，领导看在眼里，记在心里，此时已经对你打上了异样的烙印，那就是你不是一个豁达宽容的人。如果你每次都和领导喋喋不休地讲这些事，那么领导就会觉得你没有把心思放在工作上，而是热衷于这种捕风捉影的事情，久而久之，你和领导的这种"朋友关系"也就打了折扣。还是那句话，踏实地工作比什么都重要。

3. 把领导当敌人

很多人通过小道消息得知公司上下对上司的议论，比如对某某人不恰当的责骂、惩罚，这个时候千万不要被同事们影响，而对上司产生消极的看法；更不要将与上司极少的几次交往中产生的不快，在同事面前宣泄，以示你和"群众打成一片"的"友好"局面。人无完人，金无赤金，领导犯错也是情有可原的，但他能当上领导就说明其必有过人之处，身为中层的你应该以谦虚客观的眼光审视上司，而不是盲目地陷入对上司的口舌中。

摒弃上面几个误区，是中层领导把自己成功推荐给上司的基础。

要知道毛遂自荐是需要一定的勇气和胆识的。不自信的人、害怕失败的人是不敢尝试的，而这也成为造成一大批平庸无为者的原因，更成为人才被埋没的一个原因。歌唱家黑海涛在没有成名之前，之所以能够得到世界男高音帕瓦罗蒂的赏识，就是在趁帕氏来北京音乐学院之际，在没有人替他引见的情况下，高歌一曲，终于让帕氏听出他的潜在能力，最终促成他的意大利之行，得名师指点，终成大器。这是一种显示独特创造力、超人一等的自我推荐方法。会推销自己的人，会根据自己的实际情况，充分展示自己的能力和才华，从而赢得别人的信任和赏识。

我国著名数学家华罗庚曾说过："下棋找高手，弄斧到班门。"他认为，应敢于在能人面前表现自己，敢于和高手"试比高"。当他在乡镇自学时，就敢于对大数学家苏家驹的理论提出质疑，正是这种"班门弄斧"的可贵精神，使他提早闯进数学王国的神秘宫殿。

同时，要想恰如其分地推销自己，就应当学会展示自己，最大限度地表现出自己的优点和才智，通过正面和迂回之术，给自己一个全方位展示才能的机会。

要有积极进取的心态

无数成功人士的智慧告诉我们：要以平常心做人，以进取心做事。这既是做人与做事的标准，也是做人与做事的诀窍。

失去了一颗做事的进取心，我们会发出怀才不遇的感慨，以至于沉溺于现状，不能发挥出自己的聪明才干，而与成功的机遇擦肩而过，沦为平庸。

相信很多人都看过《杜拉拉升职记》，拉拉在工作中的一些表现和心态，从秘书发通知、抓落实、重检查、细准备、做记录、发记录、定责任、做流程，仿佛沿着这程序在步步高升。从一名月薪 3000 元的普通秘书一路晋升为月薪过万的人力资源总监。杜拉拉一路的成长经历让我看到一个认真工作、不要小聪明、积极进取的员工。杜拉拉的故事告诉我们，作为一名普通员工，我们只有用积极进取的心态对待工作，才能成长为一名优秀的员工。

杜拉拉刚进公司不久，就赶上公司重新装修，人事部门又在缩减预算。这个吃力不讨好的"烫手山芋"就这样落在杜拉拉的头上，公司的人无不避之唯恐不及。但就在这样大的压力下，杜拉拉还是主动承担了这项任务。具体执行过程中，销售部仗势欺人，没有一个支持她的。各种困境连珠炮似的向杜拉拉袭来，但杜拉拉始终不畏权势，并与之据理力争，最终取得了销售部门的配合，顺利完成任务。

由此看来，中层领导要想得到晋升，就必须不断地进取，只有不断前进，才能缩短和理想中职位的距离。

在英格兰曾有一位这样的姑娘，她的父亲给她的格言是：永远要当第一，不以自己是女孩为借口。这个女孩也遵照她父亲的要求去做人做事，读书的时候，成绩不拿最优不罢休，即使是座位也永远要坐第一排！在运动场上，也以"从不输给男孩"为标准。演讲要做最好的准备，因为她要击败所有的对手。经过她自己的努力，这些她都一一做到了。后来在大学里她依然保持一颗"勇争第一"的雄心，她成了学校里的学生领袖，依靠这样的心态和斗志以及在学校学到的本领，在多年的奋斗下，她登上了英国首相的宝座。她，就是被世人称为"铁娘子"的撒切尔夫人。

可见，人的愿望和努力越大，成就也就越大。

对于一位中层领导而言，要想成功得到晋升，没有什么比进取心更重要的了，它包括你对自己的评价和你对未来的期望。如果你总是以高于普通人的眼光来看待自己，期望以自己的能力能拥有一个更高的位置，并督促自己努力得到它，那么你就一定能得到。如果你对自己失去信心，那将是最大的失败。因为还没交锋，你就败给了自己。别怀疑自己实现目标的能力，那会削减你必胜的决心。只要你在憧憬着未来，你就是在向目标前进。

一本叫作《行军包里的元帅权杖》的书，揭示了拿破仑能横扫欧洲的原因。作者给我们提供了这样一个数字：在拿破仑提拔的 26 名元帅中，有 24 名是平民出身。拿破仑巧妙地激发了士兵的野心和斗志，使他们相信：在自己的行军包中就藏着一柄元帅权杖，只要努力，下一位陆军元帅就会是自己！在拿破仑辉煌的日子里，一位将军这样得意扬扬地宣称："我的下士当任何一支军队的上尉都绰绰有余！"这就是雄心酿的美酒，一颗要当元帅的雄心造就的辉煌。

其实，那些走入管理高层的大人物，在他们没有成功之前，社会地位是很低的。麦当劳总裁查理·贝尔以前扫过厕所，吴士宏以前只是个小护士，可是他们的进取心和积极的心态造就了他们后来的成就。成功人士的事迹不胜枚举，他们之所以成功，最重要的就是积极的进取心态和积极的生活态度。

因此说，作为中层领导的你只要有积极的进取心，没什么事不能成功的。下定决心，一定要成功，你就会全力以赴地向前奔跑。如果你没有这样的决心，那么，那些条件不如你但有着更大决心的人就会很快跑到你前面去了。机会稍纵即逝，如果你不抓住它，那么它就会溜走。当人缺乏内在动力的时候，不会自觉地做任何事情。而当一个人有了要出人头地的进取心时，他的动力就将变得无穷大，直至把他送到成功的彼岸。

主动创新引起上司的重视

阿里巴巴在开始的初期，马云见了硅谷的 30 位投资者，他们说他疯了，肯定是骗人的，电子商务在中国根本不会成功。

在硅谷，马云没有引起世界大佬们的重视！

后来，马云在美国做过一个互联网的演讲，他说中国互联网规模会超过美国，因为中国的人口比美国要多得多，而美国人认为不可能，所以马云把他请到了公司。他在走的时候告诉马云："我知道你疯了，但是我没有想到你能找到100个跟你一样疯的人。"

创新是一个民族、一个国家的灵魂，是社会发展和事业进步的不竭动力，也是提高中层领导水平和能力的关键。没有创新离淘汰就不远了。所以作为中层领导者希望能够被上司欣赏，就要在工作上标新立异、主动创新，从而引起上司的注意。

1861年，美国爆发了南北战争，时任总统的林肯发现，联邦军最致命的弱点就是缺乏一个卓越的"带头大哥"，所以林肯先后共任用了五位总指挥官。在短短的几年时间里，林肯无奈地频繁更换军事指挥官，因为他在任命格兰特之前所任命的前四位指挥官都墨守成规、照搬教条、畏缩不前、犹豫不决、缺乏创造力和攻击性，无法和南方军抗衡，却一遍又一遍地细数自己所面临的困难。而格兰特将军敢于冒险、富有责任心、富有想象力，更为重要的是他敢于创造——创造战机、创造条件、创造资源，创造性地完成了别人完成不了的任务。创造性，是格兰特和前任们最大的差别。

仔细反思，为何格兰特能够出色地完成林肯交给他的任务，完成了前四位指挥官无法完成的任务？究其原因，格兰特首先具备了主动完成任务的责任心与忠诚，此外他还具备了创造性完成任务的能力，所以才能取得卓越的功勋。

孙京岩是海尔集团电热事业部的一位中层管理者，在他刚踏入海尔的大门时，海尔已经蜚声海内外了，他是怀着远大的理想进入海尔的。但是，在上任的第一天，孙京岩就发现此"海尔"非彼"海尔"：海尔的知名度仅仅是体现在电冰箱和洗衣机上，他所就职的部门是刚起步的电热事业部，这在海尔来说是个"冷衙门"，只负责生产一些小家电，比如热水器和微波炉之类的。孙京岩当时心就凉透了，刚开始时，有不少客户质疑："海尔也出微波炉吗？"这样的问题令他尴尬万分。的确，小家电不是海尔的强项，就拿微波炉和热水器来说，海尔的月产量不足万台，毫无疑问地说，小家电不是海尔的强项！在经过一段时间的消极后，孙京岩开始理性地规划自己部门的前途：如今人们的消费和住房水平日益提高，热水器和冰箱、空调一样，迟早会走入"寻常百姓家"的，普及是迟早的事情，所以小家电的市场非常广阔。但要使海尔的小家电脱颖而出，就必须在原有的基础上做出创新，否则在小家电领域根本没有话语权。说干就干，孙京岩决定先把电热水器的研发作为突破口。当时，不少媒体都报道了电热水器因为质量不过硬而伤人的事件，孙京岩马上意识到，机会来了，他要把电和水分离开，这是避免伤人事故的终极途径。在孙京岩的带领下，海尔的电热事业部全力投入到这项创新研发中去。

1996年，海尔的首台水电分离式热水器问世了。产品一进入市场，就被抢购一空。从此，海尔在小家电行业开始有了属于自己的一个位置。昔日的"冷衙门"如今已成为海尔的骄傲。但是，孙京岩并非是一个易于满足的人，因为他知道，要想在市场上立长足，就得不断创新方能保住自己的位置。随后，在他的努力下，电热事业部又开发了多种热水器，并且都取得了骄人的业绩。海尔的电热事业部已经成为海尔的一个颇具竞争力的部门，孙京岩也荣升为海尔家电产业集团的副总裁。

那么中层领导如何做一个具有主动创新精神的人呢？

第一，创新、革新，是要有针对性和可行性的，不能大而空，这样将不利于贯彻执行。

第二，创新、革新不能过于激进，急于求成，也就是说宜缓不宜急，就像一列行驶中的火车，急转弯的后果很可能就是翻车。

第三，最好的中层领导者必然是具有魄力的人，面对公司的弊端，面对创新的阻力，他不会逃避，而是想办法来解决。

第四，要对自己的革新对象有足够的耐心。对于每一个刚诞生的新事物，员工都要有一个接受的过程。所以，面对不理解的人，不要急躁，你必须学会不厌其烦地说服他们。只要是好的事物，慢慢地就一定会被大家所接受和认可。

由此可见，中层领导要想获得晋升机会，就要想方设法引起领导的重视，就要具有自己独特的能力，而创新就是展现自我能力的最好办法。但是要知道，创新并不是随便就可以做到的，这需要中层领导具有扎实的理论基础和实践经验，并且要根据实际情况，做出有利于公司发展和进步的举措。上司喜欢重用的中层是主动创新的中层，是善于在创新中找到发展契机，为自己更为公司带来最大成功的中层。

业绩是最好的证明

最受上司赏识的下属，一定是那些能帮公司争取更大利益的下属。因此，中层领导者一定要把自己的工作当成一项事业来做，真正做出卓越的成绩来，而不能仅盲目地为做事而做事，不关心效果。追求"功劳"而不是"苦劳"，是每一个想取得成功的中层领导必须具备的基本理念。不管在哪个工作岗位上，首先必须干出一定的成绩，这是谋求晋升最过硬的资本。只有把工作搞上去了，才能得到上级的赏识，才能让群众心服口服。

日本企业家松下幸之助说过："企业家不赚钱就是犯罪。"无论对于哪一个公司来说，业绩都是公司运作的核心，看重员工的业绩是企业生存的需要。

阿辉现在就职于一家日企，这是他职业生涯中的第三个东家了，但令他费解的是无论他在哪个公司、从事哪一份工作，每到年底考核之后，他都是被公司炒鱿鱼的那个倒霉蛋。

又是年底考核时，阿辉陷入了紧张之中，他回首这一年自己的成果，确实有些差强人意。整整一年，阿辉都没接到什么大单，但今年的行业环境实在是太差了，这是大家有目共睹的。

阿辉找到了销售经理，希望经理再给他一次机会，相信他能给自己一个正名的机会。刚刚坐下，经理就接听了一个电话，是公司人力资源部打来的，阿辉听到电话的另一端正在向经理下达解聘自己的命令，而经理则竭力向对方证明阿辉是个不错的员工。稍作沉默后，电话那头说："我们也相信他不错，但是他可能并不适合在我们公司待下去，因为他一直没有像其他员工一样用业绩证明自己的能力。没有办法，他必须离开，因为公司要发展，不能让任何人拖后腿。"

就这样，阿辉只有黯然离开公司了。

作为一名员工，我们强调的不应该是过程，而是结果，事情没有成功不应该为自己找任何理由。因为，结果才是最重要的，有业绩才是硬道理！

中层领导要想获得晋升，唯一的办法就是让领导看到你的业绩。

卡莉在美国电报电话公司时，曾三次要求到最容易出成绩的部门工作。第一次，她去销售部门，拓展了韩国的市场，获得了客户的尊敬和好评，这就是业绩。第二次，她去一个管理很混乱的部门，把它调教得井然有序，营运成本大幅下降，获得公司高层的一致赞赏，这也是突出的业绩。第三次，她去分离出去的新部门做销售，在她的努力下，业务增长率由原来的8%～10%上升到60%，年营业额扩大到300亿美元，这更是一大直观的业绩。有了这些业绩的硬指标，高层领导越来越赏识她，不断地提拔她。卡莉不断用业绩证明自己的能力，最后她当上了世界500强的惠普公司的总裁。

事实表明，既能跟上司同舟共济，同时又业绩斐然的下属，是最令上司倾心的。如果你在工作的每一阶段，都能找出更有效率、更经济的工作方法，你就能提升自己在上司心目中的地位，你将会被委以重任。因为出色的业绩，已使你变成一位不可取代的重要人物。如果你其他方面都表现得很好，就是总无业绩可言，上司想重用也会犹豫，因为把重要的事交给你他不放心。更进一步讲，受利润的驱使，再有耐心的上司，也绝难容忍一个长期无业绩的下属。届时，即使你忠贞不贰，你的上司也会忍痛割爱，舍弃有忠诚无业绩的你，留下忠心且业绩突出的人。

所以，具有出色业绩的中层最受领导的喜爱。在一个凭实力说话的年代，讲究能者上庸者下，能力是衡量一个人的标准，能够为公司带来效益的人才能被公司持续重用。公司不会停止前进的脚步，如果你不能朝着前面的道路迈进，拿业绩来证明自己，那你只能面临一个结果——被淘汰。这个结果虽说有些残酷，但这就是市场竞争的结果，如果公司不淘汰你，那么公司就会被市场所淘汰。

所以，做出突出的业绩，是中层领导获得晋升的必需的条件，要想"百尺竿头，更进一步"，必须要有拿得出手的真功夫。

争取晋升需要注意的 6 个问题

身为中层领导，要想顺利得到晋升就要注意以下 6 个问题。

1. 要想晋升就不能过分谦让

中层领导的晋升之路如同通向金字塔顶的道路，这条路上的每一步都充满竞争的足迹。因此，当你了解到某一职位或更高职位出现空缺，而自己完全有能力胜任这一职位时，保持沉默绝非良策，而是要学会主动出击，把自己的想法或请求告诉上司，通常这样能使自己如愿以偿。

战国时期，赵国的毛遂在平原君门下做了三年门客，却一直不被重用。一次，赵国的形势万分危急，需要选 20 个人去楚国求救。平原君挑了又挑，选了又选，最后还缺 1 个人。门客毛遂自我推荐，说自己是藏在袋子里的锥子，能随时露出锋芒。平原君有些怀疑，但还是答应了。到了楚国，平原君与楚王商讨出兵救赵的事，可是楚王不同意。毛遂看时间不等人，就冲到了楚王面前，他对出兵援赵有利楚国的道理做了非常精辟的分析。毛遂的一番话，说得楚王心悦诚服，答应马上出兵。平原君回到赵国后，待毛遂为上宾。

一个优秀的中层只能给上司提建议往往是不够的，他还有责任以自己的工作业绩、技能、才干和潜力来吸引上司，只要自己有能力，就应大胆地向上司毛遂自荐，勇于承担更多的工作和责任。

需要注意的是，针对不同性格的领导要用不同的方法。宜明则明，宜暗则暗，宜迂则迂。"明示法"即通过口头或书面形式直接明确地向上司提出自己的请求；"暗示法"即在与上司沟通（包括谈话或报告时）过程中做出某种暗示，如"我要是担任某个职位会怎样，会比某某更恰当"等；"迂回法"即由他人转达自己的请求，而这个人最好是上司的知己或最信赖的人。究竟采用哪种方法更有效，则应视具体情况而定。

2. 提出建设性的意见

过去，对上司唯命是从者往往能步步高升，但现在，管理层更重视那些有自己的想法，敢于表达不同观点的下属。这些建设性的见解常常能使公司避免重大损失或陷入困境。

3. 选择恰当的时机

心理学家认为，当一个人的情绪很亢奋的时候，比较容易接受他人的要求。因此，如果你想晋升，就要找一个领导情绪愉悦的时机向他说明，千万别在上司情绪低迷的时候提这样的问题。那样只会让你自毁前途。

4. 用事实证明你的成绩

与其告诉上司你工作得怎么努力，不如告诉他你究竟做了些什么。可以试着用一些具体数字，尤其是百分比来证明你的业绩。同时，要避免用描述性的形容词或副词，譬如不要说"我同某某公司做成了一笔生意"，而说"我与某某公司做成了多少万元的生意"。这也就是说，尽可能地让事实替你说话。

你也许会发现最好什么也不说，而是简单地把报告呈给上司，总结一下你的工作。如果你这么做，白纸黑字，使他能及时了解你的成绩，而且日后也能查阅。同时，你也就用不着去说那番听起来使人觉得是自吹自擂的话了。

5. 向上司证明你能胜任晋升的职位

不可否认，要做到这一点并非那么容易，因为你是申请人，上司则是决策者。所以，在向上司提出请求之前，一定要为自己准备充分的资料，用足够的实例和业绩证明你能够胜任这份工作。另外，还可以指出职位的晋升会使你为上司完成更多的工作，使他信服提拔你会使他个人和公司都获益。

6. 全力以赴协助上司

蔡娟在北京一家房地产公司担任销售助理。她的工作是研究地图，打电话给可能有意租用本公司办公大厦的客户。当顶头上司说想跟她一起打电话时，她欣然同意。蔡娟对北京的房地产情况了如指掌，上司则熟谙各类租户的需求。两人很快携起手来，各施所长，去说服租户租用他们推销的商业大楼。多年来，蔡娟全力以赴地协助上司工作，合作甚好。后来，当上司担任高级管理顾问时，他介绍蔡娟到市内另一家规模很大的房地产公司任职。"最关键的是他信任我。"蔡娟如是说："一旦他要找人洽谈大生意，派我去他才会放心了。"

参考文献

［1］郭士.每个中层领导都缺一堂口才课［M］.北京：中国电影出版社，2018.

［2］房伟.中层领导如何带人管人用人［M］.广州：广东人民出版社，2018.

［3］马媛.提升团队效能的8种能力［M］.广州：广东经济出版社，2017.

［4］张国庆.中层领导处事方略［M］.北京：中国致公出版社，2008.

［5］李树斌.领导口才全书［M］.北京：线装书局，2008.